Mosaik
bei GOLDMANN

Buch

Der Ratgeber hilft, eine entscheidende Hürde im Bewerbungsmarathon sicher zu nehmen: den Einstellungstest. Sabine Hertwig erklärt, welche Beurteilungsvorteile der Arbeitgeber sich vom Einstellungstest verspricht, wie er aufgebaut ist, welche Fähigkeiten erforderlich sind. Das nimmt dem Test den Schrecken und hilft, einen kühlen Kopf zu bewahren. Es werden Lerntechniken gezeigt für Rechnen, Schreiben, Intelligenztests, Allgemeinbildung, logisches Denken, räumliche Wahrnehmung und Konzentrationstests. Mit aktuellen Übungsreihen aus Originaltests inklusive Bewertung und Hilfen zur Selbsteinschätzung kann sich jeder optimal auf den Test vorbereiten.

Autorin

Sabine Hertwig leitet das Berliner Büro beruf + konzept, das aus dem ehemaligen Büro für Berufsstrategie Hesse/Schrader hervorgegangen ist. Das Team besteht aus Geisteswissenschaftlern, Psychologen, Betriebswirten sowie Pädagogen und verfügt über langjährige Erfahrung in den Bereichen Bewerbungstraining, Berufsberatung und -training.

Johannes Minnich ist freier Sachbuch- und Testautor. Er lehrt als freier Dozent u. a. Orthografie und Allgemeinwissen in Berlin.

Kontakt:

[beruf + konzept]
www.beruf-konzept.de
Fon: 0 30 / 85 07 76 56
Fax: 0 30 / 85 07 76 57
E-Mail: info@beruf-konzept.de

Von Sabine Hertwig außerdem bei Mosaik bei Goldmann:

Die erfolgreiche Bewerbungsmappe (16336)
Bewerbungstipps aus der Chefetage (16337)
Die besten Tipps für den Bewerbungsbrief (16518)
Die besten Tipps für die aktive Jobsuche (16519)
Die besten Tipps für den Lebenslauf (16539)

SABINE HERTWIG

Unter Mitarbeit von Johannes Minnich

Der Test-trainer

Bewerbungs- und
Eignungstests
verstehen und bestehen

Mosaik
bei GOLDMANN

Umwelthinweis:
Alle bedruckten Materialien dieses Taschenbuches
sind chlorfrei und umweltschonend.

3. Auflage
Originalausgabe September 2001
© 2001 Wilhelm Goldmann Verlag, München,
ein Unternehmen der Verlagsgruppe Random House GmbH
Umschlaggestaltung: Design Team München
Satz: Uhl + Massopust, Aalen
Druck: GGP Media, Pößneck
Verlagsnummer: 16323
kö · Herstellung: Max Widmaier
Printed in Germany
ISBN 3-442-16323-4
www.goldmann-verlag.de

Inhalt

Einleitung

Nach Beendigung der Schul- und Ausbildungszeit herrscht allgemeine Erleichterung darüber, dass die Zeit der Schulaufgaben, Klausuren, Tests und Prüfungen endgültig vorbei ist. Doch weit gefehlt: Schon die ersten Schritte in Richtung Arbeitswelt, die obligatorischen Stellengesuche und das richtige Konzipieren von Bewerbungsmappen können die Illusion von einer testfreien Zukunft schnell zunichte machen. Vor allem dort, wo aus einer wahren Flut von Bewerbern nur wenige herausgesiebt werden sollen, greifen Personalchefs neben der Sichtung der Bewerbungsunterlagen und dem persönlichen Vorstellungsgespräch häufig zu einem weiteren Mittel der Selektion: dem Einstellungstest.

Intelligenz- und Persönlichkeitstests sowie Assessment Center sind bei Banken, Versicherungen und dem öffentlichen Dienst an der Tagesordnung. Gleiches gilt mittlerweile für viele große Unternehmen, deren Ausbildungsplätze beim Nachwuchs begehrt sind. Im Polizeiwesen und beim Bundesgrenzschutz werden zudem noch Sporttests durchgeführt, mit denen die physische Eignung zum Beruf getestet werden soll.

All diese Tests sind für die Testpersonen undurchsichtig und schaffen ein Klima der Verunsicherung. Kein Vergleich zu Schule, Ausbildung oder Studium: Denn unabhängig davon, wie diese Zeiten persönlich erlebt wurden, war hier wenigstens klar, worum es im Einzelnen ging.

Jetzt hingegen könnte einen bei Begriffen wie Intelligenz- und Persönlichkeitstests oder Assessment Center schon mal leichte Panik befallen, wenn sich die Frage der entsprechenden Vorbereitung stellt. Tröstlicherweise können jedoch auch diese Arten der Personalauswahlverfahren mit ein bisschen Vorbereitung und Hilfe in weiten Teilen eingeschätzt, vorhergesehen und trainiert werden. Denn längst hat sich die Arbeitswelt auf einen bestimmten Kanon von Tests und

Übungen geeinigt, nach denen die Intelligenz und Persönlichkeit eines Menschen gemessen werden sollen. All dies mündet am Ende in der Frage: Passt der Bewerber zu uns, und »funktioniert« er gemäß unseren Vorgaben?

Diese Arten von Tests und Übungen sollen hier nicht als effektiv oder aussagekräftig gerechtfertigt werden. Wir wollen lediglich eine Übersicht geben, mit welcher Art von Fragen und mit welchen Situationen in einem Personalauswahlverfahren gerechnet werden muss, sowie ein klares und brauchbares Konzept zur bestmöglichen Vorbereitung darauf anbieten.

Sind Intelligenz und Persönlichkeit messbar?

Wenn es um Intelligenz und Persönlichkeit geht, fühlt sich der Mensch bei seinem Innersten gepackt, bei dem, was ihn ausmacht, worauf sein Selbst und sein Selbstvertrauen gründen. Es geht nicht mehr nur um eingepauktes Wissen, das Anwenden von Regeln und das Ausspucken von Gelerntem, hier – so das Gefühl vieler Bewerber – soll vom Arbeitgeber tatsächlich ein Urteil über den gesamten Menschen gesprochen werden. Und das in einigen Stunden, in Stresssituationen und meist nur auf einigen Bögen Papier.

Kein Wunder, dass das Selbstwertgefühl revoltiert.

Denn es handelt sich hier um abstrakte Begriffe, die für jeden Menschen eine andere Bedeutung, eine andere Note haben und in einem anderen Zusammenhang stehen.

Die Kritik, die man an Eignungstests üben kann, geht jedoch noch über diese Aspekte der Terminologie hinaus:

Oft befinden sich Bewerber während eines Eignungstests in Situationen, in denen sie vor lauter Nervosität weit hinter ihrem gewöhnlichen Leistungspensum zurückbleiben. Da spielt Stress eine Rolle, Prüfungs- und Versagensangst und auch der enorme Zeitdruck.

Auch auf die Prüfer kommt es an, auf deren Verhalten und ihre persönliche Auffassung von Eignung und Intelligenz. Wer als Bewerber von Anfang an mit deutlicher Abneigung, Unfreundlichkeit oder Skepsis zu kämpfen hat, wird im Test nicht nur schlechter abschneiden, seine Leistung wird auch gnadenloser beurteilt werden als die eines Mitstreiters, der es – aus welchen Gründen auch immer – sofort schafft, »everybody's darling« zu sein.

Was lässt Personal- und Firmenchefs dann an dieser Art von Tests festhalten? Es ist im Grunde der Wunsch nach Unmöglichem: Man will Persönlichkeit und Fähigkeiten des Bewerbers durchleuchten und bloßlegen. Und das nicht nur für den Augenblick. Man will Entwicklungen voraussehen, die noch in weiter Ferne liegen, und einen Blick in die Zukunft des Bewerbers als Mitarbeiter des Unternehmens werfen.

Was also können Intelligenz- und Eignungstests aussagen? Was messen sie? Eignung? Intelligenz? Den Glauben daran? Eine schöne Definition der Intelligenz lautet: Intelligenz ist das, was Intelligenztests messen.

Wenn man an ein Unternehmen geraten ist, das seine Personalentscheidungen auf derartigen Tests aufbaut, sollte man sich gut vorbereiten, anstatt durch Lamentieren wertvolle Energien zu verschwenden. Es ist sicher angebracht, die Einstellung William Faulkners (1897–1962), eines amerikanischen Schriftstellers, mitzubringen: *»Intelligenz ist die Fähigkeit, seine Umgebung zu akzeptieren.«*

Bestandsaufnahme

Kein Training ohne Muskellockerungen und mentales Training im Vorfeld. Und niemals starten, ohne zu wissen, wie viel man sich eigentlich zutrauen darf und woran man besonders arbeiten muss. Und wie im Sport gilt: Niemals mitspielen, ohne die Spielregeln zu kennen.

Dieses Kapitel bietet deshalb:

- Ein paar Muskellockerungs-Fragen zur Vorbereitung
- eine Teststrecke zur Selbsteinschätzung
- ein Regelwerk
- In welchen Bereichen liegen Ihre Fähigkeiten und Talente? Sind Sie eher der mathematisch-logisch denkende Typ? Ein sprachgewandtes Plappermaul? Nervöser Zahlenmensch? Offen oder introvertiert? Zuverlässig und pünktlich?
- Wie wollen und sollen Sie sich in einem Eignungstest zeigen? Welche Fähigkeiten und Eigenschaften spielen überhaupt eine Rolle?
- Woran müssen Sie besonders arbeiten, in welcher Sparte härter als anderswo trainieren, um sich in Topform zu bringen?

Der folgende Testbereich-Kanon beantwortet die Frage, welche Erwartungen Eignungstests an Bewerber stellen. Stellensuchende müssen sich dann genau überlegen, was sie in den jeweiligen Bereichen an Fähigkeiten und Qualifikationen zu bieten haben, wie sie sich selbst einschätzen und wie sie von anderen eingeschätzt werden. Es ist hilfreich, sich bei dieser Bewertung Unterstützung von Freunden und Bekannten zu holen, die den eigenen Blick ein bisschen objektivieren helfen.

So kann man dann sein individuelles Trainingsprogramm gestalten.

Folgende Bereiche können Eignungstests klassischerweise umfassen:

- Allgemeinwissen
- Rechtschreibung und Fremdwörter
- Leistungs-Konzentrationstests
- Logisches Denkvermögen
- Verbale Intelligenz
- Mathematische Intelligenz
- Emotionale Intelligenz

Probetests

Es folgt eine kleine Teststrecke zur Erklärung dieser Begriffe. Die Bearbeitung ermöglicht eine erste Einschätzung von Stärken und Schwächen. Es werden an dieser Stelle noch keine Lösungen angeboten, viele der Übungen erscheinen jedoch auch im späteren Testteil, dann natürlich mit Lösung.

Allgemeinwissen

Hier geht es für Sie darum, eine möglichst breite Bildung in den Bereichen Staatskunde, Wirtschaft, Geschichte, Philosophie, Naturwissenschaften, Mathematik, Erde und Weltall, Kunst, Kultur und berühmte Persönlichkeiten zur Schau zu stellen. Dass diese Art Tests lediglich Kenntnistests sind, hindert Prüfer nicht, sie konsequent auch in Intelligenztests einzubauen. Geantwortet wird dabei nach dem Multiple-Choice-Verfahren:

1. Welchem Adelsgeschlecht gehörte Friedrich I. Barbarossa an?
a) Den Staufern
b) Den Welfen
c) Den Hohenzollern
d) Den Habsburgern

2. Was war das »Morgenländische Schisma«?
a) Die Bezeichnung für die Kreuzzüge
b) Die Trennung zwischen römischer und byzantinischer Kirche 1054
c) Die Abspaltung der anglikanischen von der katholischen Kirche
d) Der Friedensschluss nach den Reformationskriegen

3. Was ist ein »Faraday-Käfig«?
a) Die metallene Umhüllung eines begrenzten Raumes zur Abschirmung gegen äußere elektrische Felder

b) Die »Hülle« eines Atoms

c) Die Frequenzbereiche, in denen Licht sichtbar ist

d) Ein völlig abgeschlossenes chemisches Versuchsfeld

4. Wie hieß der Konstrukteur des ersten Düsenflugzeugs?

a) Willy Messerschmitt

b) Wernher von Braun

c) Ernst Heinkel

d) Pit Marquart

5. Durch welche Meerenge wird Istanbul in einen europäischen und einen asiatischen Teil getrennt?

a) Durch den Bosporus

b) Durch die Straße von Otranto

c) Durch die Dardanellen

d) Durch den Suezgolf

Rechtschreibung und Fremdwörter

Für die Bearbeitung aller folgenden Aufgaben gilt die neue Rechtschreibung, eine Infobox zu den wichtigsten Änderungen finden Sie im Kapitel: »Rechtschreibung und Fremdwörter«.

Korrigieren Sie:
Es ist gewiss aufsehenerregend, daß das Fussballländerspiel morgen abend zum erstenmal in Nepal übertragen wird.

Finden Sie die Druckfehler:
pennibel, Rhythmus, Wiederstandt, Bibliothek, Vorwandt, Hyphotek, psychadelisch, Kathastrophe, symphatisch, Verwandschaft, Kordinatensytem, häußlich, Korrallenrif, unversehends, apropo, Kollektif

Was heißt was? Kennen Sie diese Fremdwörter?

1. konterkarieren

a) hintertreiben   b) entgegnen c) gegen den Wind segeln

2. Altruismus

a) Möglichkeit   b) Uneigennützigkeit

c) übertriebener Stolz

Leistungs-Konzentrationstests

Adressenfehler: Die Abschrift enthält gegenüber dem Original eini-
ge Fehler. Finden Sie sie?
Original:
Karl-Heinz Offer GmbH & Co. KG, An dem Wasser 5, 76543 Ulm
Abschrift:
Karlheinz Ofer Gmbh + Co Kg, Auf dem Wasser 5   76543 Ulm

Buchstabenreihen aufspüren: In den folgenden Buchstabenreihen
sollen sie alle 3er Kombinationen von Buchstaben markieren, die
auch im Alphabet aufeinander folgen:
g b u g f e c j o a h r s t v w y z e i q r s g j h w v u h b c d f o
p f v i u z r o t p o n k u t a w s m b v j e f g k z r q p h a y k p

Buchstaben-Striche-Test:
Hier sind alle q und d aufzuspüren, denen, egal, ob ober- oder
unterhalb, insgesamt zwei Striche zugeordnet sind:

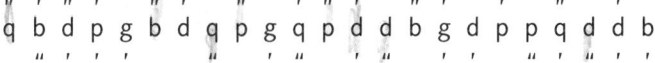

Symbolpositionen erkennen: Hierbei geht es um ein Symbol, das sowohl gedreht, als auch gespiegelt worden ist. Finden Sie das Symbol, das sich in folgenden zwei Positionen befindet:

Schreiben Sie die Zahl der richtigen Symbole hinter jede Zeile.

Logisches Denkvermögen

Ausschließlichkeiten: Jeweils eine der folgenden Aussagen fällt aus dem Rahmen. Entweder ist sie als einzige richtig oder als einzige falsch. Welche ist es?

Ausgeschlossen ist es, dass ein Fisch

a) tauchen kann.

b) Eier legen kann.

c) atmen kann.

d) singen kann.

e) springen kann.

Es ist unwahrscheinlich, dass man in Südamerika

a) christliche Kirchen aus dem 12. Jahrhundert betreten kann.

b) Koalas in freier Wildbahn vorfindet.

c) Inkatempel bestaunen kann.

d) Achttausender besteigen kann.

e) antike römische Bauwerke besichtigen kann.

Meinung oder Tatsache? Entscheiden Sie:
Das nächste Spiel ist immer das schwerste.
Es ist möglich, gänzlich ohne elektrischen Strom zu leben.
Männer sind für Führungspositionen besser geeignet als Frauen.

Abstruse Rückschlüsse: richtig oder falsch? Entscheiden Sie:
Alle Frösche sind Häuser. Alle Häuser haben Flügel.
Daraus folgt: Frösche haben Flügel.
Jede Tomate kann alles malen. Alle Preise sind immer gepfeffert, weil
sie stets Tomaten malen. Alle Eimer sind Tomaten.
Daraus folgt: Alle Eimer können malen.

Verbale Intelligenz

Von den jeweils fünf Begriffen gehören vier inhaltlich zusammen.
Welcher fällt aus dem Rahmen?
1. a) nachlässig   d) schlampig
   b) lax   e) liederlich   c) haltlos
2. a) Baby   d) Vater
   b) Greis   e) Erwachsener   c) Kleinkind

Drei Begriffe und eine Auswahl von fünf weiteren Worten sind
gegeben. Welches der fünf steht zum dritten Begriff im selben Ver-
hältnis wie der zweite zum ersten?
1. Aussaat : Frühjahr = Ernte : ?
a) Laub   d) Herbst
b) Stroh   e) Getreide   c) Wachstum
2. Arbeit : Planung = Sport : ?
a) Ausführung   d) Lohn
b) Stadion   e) Leistung   c) Training

Mathematische Intelligenz

Ergebnisse schätzen: Entscheiden Sie:
$59^2 - 401 = ?$
a) 4 678   b) 3 080   c) 3 176   d) 2 108

Textaufgaben: Beantworten Sie:
2 kg Äpfel kosten in Nürtingen 3,80 Euro, in Göppingen kosten 3 kg Äpfel 5,40 Euro. – Wo sind die Äpfel preiswerter?

Das war ein kleiner Vorgeschmack auf das, was einen Großteil dieses Buches ausmacht: Testtraining.

Nach dieser ersten Trainingsrunde sowie mit Hilfe der Meinung anderer sollte man einschätzen können, wo die eigenen Stärken und Talente liegen und wo es im Gegensatz noch etwas auszubessern und aufzupolieren gilt. Dementsprechend sollte man sein ganz persönliches Trainingsprofil erstellen.

Damit ist die Sparte der Intelligenztests zwar vorerst abgehakt, ein anderer Bereich aber überhaupt noch nicht zur Sprache gekommen. Die so genannte »Emotionale Intelligenz«, die unter dem Stichwort »Persönlichkeitstests« auf dem Prüfstand steht. Zum besseren Verständnis nun ein kleiner Exkurs zum Thema und Begriff der »Emotionalen Intelligenz« und deren noch recht kurzer Entstehungs- und Entwicklungsgeschichte.

Was ist Emotionale Intelligenz (EI)?

Die »Entdeckung« der Emotionalen Intelligenz stützt sich auf die Beobachtungen des Amerikaners Joseph Ledoux. 1990 entdeckte dieser Professor der New York University die Mandelkerne, zwei kleine, mandelförmige Gebilde oberhalb des Hirnstamms, in denen, wie Hirnforscher herausgefunden haben, die Gefühle sitzen. Auf dieser Entdeckung aufbauend, entwickelten Peter Saloney von der Universität Yale und John Mayer von der Universität New Hampshire eine Theorie der Emotionalen Intelligenz.

Danach entzieht sich ein Teil der Emotionalen Reaktionen rationaler Kontrolle. Intensiven Gefühlen wie Zorn, Wut, Eifersucht oder Angst ist man oft hilflos ausgeliefert. Anstatt sich jedoch in dieses fremdgesteuerte Schicksal zu ergeben, macht es ein bewussterer Umgang mit diesen Emotionen möglich, diese umzuleiten und zu kanalisieren, sie also für positive Zwecke einzusetzen – im Privatleben genauso wie im Beruf.

Der amerikanische Journalist und Schriftsteller Daniel Goleman, der mit seinem Buch »Emotionale Intelligenz« Bestsellererfolge erzielte, beschreibt diese als die älteste Fähigkeit des Menschen, eine Meta-fähigkeit, von der abhängt, wie gut man andere persönliche Fähigkeiten, darunter auch den Intellekt, zu nutzen versteht. Sie umfasst folgende vier Bereiche:

- Die Selbstwahrnehmung: Nur wer seine Gefühle kennt, ist ihnen nicht hilflos ausgeliefert.
- Die Selbstregulierung, den Umgang mit Emotionen: Die Fähigkeit, sich selbst zu beruhigen, also Angst, Schwermut oder Gereiztheit abzuschütteln.
- Die Selbstmotivation: Die Fähigkeit, Emotionen produktiv zu nutzen und Gefühle in den Dienst eines Ziels zu stellen.
- Empathie: Nur wer einfühlsam ist, versteht versteckte soziale Signale, die von der Umwelt ausgehen und die den Kontakt zu Menschen ermöglichen und intensivieren können.

Mit der raschen Veränderung der Arbeitswelt hielt der Begriff der Emotionalen Intelligenz auch Einzug in Personalabteilungen und Bewerbungsgespräche. Der Wandel von der Produktions- zur Dienstleistungsgesellschaft brachte erhöhtes Servicebewusstsein und kundenorientiertes Handeln, sodass neben handwerklichen, akademischen und fachlichen Qualifikationen vor allem eines wieder wichtig wurde: Die Fähigkeit, mit Menschen umzugehen. Zuhören, einfühlen, mitfühlen – das sollen in Zukunft die Schlüssel zum Erfolg sein.

Dazu kamen Stichworte wie z. B. Selbstständigkeit, Verantwortungsbereitschaft, Arbeitsmotivation und Teamfähigkeit.

Die Liste der Eigenschaften und Fähigkeiten, die unter dem Überbegriff der Emotionalen Intelligenz zu finden sind, ist unüberschaubar lang. Und jeder dieser Begriffe ist mehr oder weniger dehnbar und unterschiedlich auslegbar. Eine konkrete Definition oder gar ein Maß der Emotionalen Intelligenz ist also auf wissenschaftlich haltbarer Ebene unmöglich, was auch Goleman bestätigt. Dennoch wurde hier ein kleiner Test von ihm übernommen, durch den man sich mit seiner eigenen EI näher auseinander setzen kann.

Testen Sie Ihren Emotionalen Quotienten!

Daniel Goleman hat sich einen Test – ohne wissenschaftlichen Anspruch – ausgedacht, mit dem Sie Ihren EQ prüfen können. Kreuzen Sie eine Antwort pro Frage an:

1) *Ihr Flugzeug wird heftig durchgeschüttelt. Die Stewardess meldet: »Wir durchfliegen ein Gebiet mit starken Turbulenzen.« Wie reagieren Sie?*
a) Sie lesen weiter, respektive Sie schauen sich weiter den Film an, als wäre nichts geschehen.
b) Sie beobachten das Bordpersonal aus dem Augenwinkel heraus und lesen die Anweisungen für Notfälle nochmals durch.
c) Sie machen ein bisschen von beidem, a) und b).

d) Sie können nicht sagen, wie Sie reagieren, Sie haben nie darauf geachtet.

2) *Sie sind mit einer Schar vierjähriger Kinder im Park. Ein kleines Mädchen weint, weil die anderen nicht mit ihm spielen wollen.*
a) Sie überlassen es den Kindern, miteinander auszukommen.
b) Sie besprechen es mit dem Mädchen: Was könntest du tun, damit dich die anderen mitspielen lassen?
c) Sie sagen sanft zu ihr: »Nun komm, weine doch nicht!«
d) Um sie abzulenken, rufen Sie ihr zu: »Komm, wir spielen etwas anderes!«

3) *Im Gymnasium haben Sie mit einer 1 gerechnet, aber nur eine 3 gekriegt.*
a) Sie entwerfen einen Plan, wie Sie sich verbessern können.
b) Sie beschließen, besser zu werden.
c) Sie denken: Ach, lassen wir dieses Fach, ich bin ja in den anderen Fächern überdurchschnittlich!
d) Sie gehen zum Lehrer und verlangen, er solle Ihnen eine bessere Note geben.

4) *Sie verkaufen Versicherungen. Nach 15 Anrufen haben Sie noch nichts erreicht. Entmutigt sagen Sie sich:*
a) Heute ist ein schlechter Tag, morgen wird es besser gehen.
b) Was ist falsch an mir, dass ich all diese Absagen einfange?
c) Bei meinen nächsten Telefonanrufen versuche ich mal etwas Neues.
d) Ich suche mir eine neue Arbeit.

5) *Sie sind Manager. Bei einer Sitzung reißt ein Angestellter einen rassistischen Witz.*
a) Sie ignorieren den Vorfall, schließlich geht es ja nur um einen Witz.

b) Sie zitieren die Person in Ihr Büro und weisen sie dort zurecht.

c) Sie machen unverzüglich und vor allen Leuten klar, dass hier diese Art Witze nicht geduldet wird.

d) Sie empfehlen dem Angestellten, einen Kurs zum Thema ethnische Unterschiede zu besuchen.

6) *Ihr Freund ist fuchsteufelswild, weil ein Rowdy ihm den Weg abgeschnitten hat.*

a) Sie sagen ihm, er solle sich davon nicht fertig machen lassen und die Angelegenheit vergessen.

b) Sie legen seine Lieblingskassette ein, um ihn abzulenken.

c) Sie feuern ihn an und helfen ihm, seinen Hass auf den Rowdy auszuspucken.

d) Sie erzählen ihm, dass Ihnen das auch schon passiert sei und dass Sie hinterher aber bemerkt hätten, dass der Wagen auf dem Weg zur Notfallaufnahme gewesen war.

7) *Sie und Ihr Partner, respektive Ihre Partnerin, haben einen heftigen Streit.*

a) Sie legen eine Pause von 20 Minuten ein, um sich zu beruhigen, bevor Sie mit der Auseinandersetzung weiterfahren.

b) Sie unterbrechen die Auseinandersetzung, ohne wütend zu werden, und reagieren nicht weiter auf die Provokationen.

c) Sie entschuldigen sich und bitten Ihren Partner/Ihre Partnerin darum, es Ihnen gleichzutun.

d) Sie halten einen Moment inne, um innerlich so objektiv wie möglich die Gründe des Streits zu rekapitulieren.

8) *Sie leiten eine Gruppe, welche die Aufgabe hat, ein bestimmtes Problem zu lösen.*

a) Sie nehmen Ihre Agenda zur Hand, damit alle die besten Lösungen innerhalb der besten Fristen finden können.

b) Sie lassen sich Zeit, damit sich alle kennen lernen können.

c) Sie fragen alle Beteiligten, wie sie über das Problem denken, solange sie noch einen klaren Kopf haben.

d) Sie führen ein Brainstorming durch: Sämtliche Lösungen, die den Leuten durch den Kopf gehen, sind willkommen.

9) *Ihr dreijähriger Sohn ist hypersensibel. Seit seiner Geburt flößen ihm neue Umgebungen und unbekannte Leute Angst ein.*

a) Er ist schüchtern und muss beschützt werden.

b) Gehen wir zum Kinderpsychiater!

c) Sie setzen ihn bewusst immer wieder solchen Situationen aus, damit er lernt, mit seiner Angst umzugehen.

d) Sie bringen ihm schonend bei, mit solchen Situationen umzugehen.

10) *Sie wollen wieder anfangen zu musizieren, und zwar auf dem Instrument, das Sie bereits in Ihrer Kindheit gespielt und dann vernachlässigt haben.*

a) Sie knien sich hinein, üben täglich.

b) Sie wählen zunächst Musikstücke, denen Sie gewachsen sind.

c) Sie üben nur, wenn Sie Lust haben.

d) Sie wählen schwierige Stücke, bis Sie sie schließlich beherrschen.

Berechnen Sie Ihren EQ:

1) Alle Antworten sind richtig, außer d), welche zeigt, dass Sie sich nicht bewusst sind, wie Sie unter Stress reagieren.
   a) = 20, b) = 20, c) = 20, d) = 0

2) B ist die beste Antwort. Sie verstehen es, aus Krisen den besten Nutzen zu ziehen.
   a) = 0, b) = 20, c) = 0, d) = 0

3) A ist die beste Antwort. Die Bereitschaft, einen Plan auszuarbeiten, zeugt von Selbstmotivation.
   a) = 20, b) = 0, c) = 0, d) = 0

4) C ist die beste Antwort. Sie zeigt Optimismus, Ausdauer und Phantasie.

a) = 0, b) = 0, c) = 20, d) = 0

5) C ist die beste Antwort. Sie machen unmissverständlich klar, welches das sozial anerkannte Verhalten im Unternehmen ist.

a) = 0, b) = 0, c) = 20, d) = 0

6) D ist die beste Antwort. Sie sind fähig zur Empathie und verstehen es, gleichzeitig durch einen Wechsel des Blickwinkels die Situation zu beruhigen.

a) = 0, b) = 5, c) = 5, d) = 20

7) A ist die beste Antwort. Physiologisch braucht es 20 Minuten, bis Körper und Hirn sich beruhigt haben und wieder cool sind.

a) = 20, b) = 0, c) = 0, d) = 0

8) B ist die beste Antwort. In der Gruppe wird kreativer gearbeitet, wenn eine harmonische Atmosphäre herrscht.

a) = 0, b) = 20, c) = 0, d) = 0

9) D ist die beste Antwort. Sie stellen niemanden vor Herausforderungen, die er nicht meistern kann.

a) = 0, b) = 5, c) = 0, d) = 20

10) B ist die beste Antwort. Sie verstehen es, Lernen und Vergnügen zu verbinden, was zu den besten Resultaten führt.

a) = 0, b) = 20, c) = 0, d) = 0

Zählen Sie zusammen: Mit 200 Punkten haben Sie einen maximalen EQ. Mit 100 Punkten liegen Sie in der Mitte. Darunter haben Sie noch einen langen Weg vor sich.

Emotionale Kompetenz

Die Emotionale Intelligenz ist mehr oder weniger das Potenzial, doch wie sehr und wie gründlich man dieses Potenzial nutzt, dafür ist die Emotionale Kompetenz zuständig – Ergänzung zu jeder Art von fachlicher Kompetenz und definitiv erlernbar.

Der Emotionalen Kompetenz liegt die Frage zu Grunde, wie leicht oder schwer man schnell eine gute Beziehung zu seinem Gegenüber aufbauen und bei diesem ein möglichst wohlwollendes Auge finden kann. Besonders in Bewerbungs- und Vorstellungsgesprächen interessiert diese Frage natürlich brennend. Und auch wenn es im Alltagsleben ein weiter Weg zum emotional kompetenten Menschen ist, bei einem Gespräch von einigen Minuten können schon wenige Verhaltensregeln für einen emotional intelligenten Eindruck sorgen. Und auf den ersten Eindruck kommt es an. Der folgende Leitfaden enthält die wichtigsten Verhaltenskomponenten:

Kleidung

Die Macht des ersten Eindrucks und damit des ersten Bildes, das sich der Arbeitgeber von einem Bewerber macht, ist nicht zu verleugnen. Auf folgende immer gültige Wahrheiten ist zu achten: Sauber und ordentlich gilt als Regel Nummer eins. Die Kleidung sollte dem Unternehmen und der dazugehörigen Position gerecht werden. Vor allem aber sollte man sich, um Selbstbewusstsein und Ausgeglichenheit ausstrahlen zu können, in dem, was man trägt, wohl fühlen.

Blickverhalten

Der Blick eines Menschen ist der wichtigste Sympathiefänger. Dabei gilt: Blickkontakt halten, und zwar möglichst gleichmäßig mit allen im Raum Anwesenden. Dabei signalisieren weit geöffnete Augen Aufmerksamkeit und Aufnahmebereitschaft, während bei zugekniffenen Augenschlitzen sofort Abwehr und Unlust unterstellt werden. Den Blick gerade zu halten vermittelt Offenheit und Vertrauen.

Mimik und Gestik

»Lächeln ist die eleganteste Art, seinen Gegnern die Zähne zu zeigen.« Und es entspannt. Neben der Freundlichkeit ist sowohl bei Mimik als auch bei der Gestik natürliches Verhalten wichtig. Verkrampftes oder verspanntes Agieren wird als Unsicherheit oder Ablehnung, im schlimmsten Fall als Aggressivität ausgelegt. Unsitten, wie beispielsweise verschränkte Arme, Hand vor dem Mund, Kopf auf die Hände stützen, an die Armlehnen klammern oder auf dem Tisch trommeln, sollten vermieden werden.

Wichtig sind dagegen ein kräftiger, offener Händedruck ohne Übertreibung und eine zurückhaltende Gestik, mit der Sie das Gesagte unterstreichen und veranschaulichen.

Körperhaltung

Mit jeder kleinen Bewegung und Haltung sendet der Körper Signale, die beim Gegenüber entsprechend ankommen und bewertet werden – ob bewusst oder unbewusst. So ist eine aufrechte Haltung, solange sie nicht steif und frostig wirkt, immer ein Zeichen von Aufrichtigkeit und Selbstsicherheit. Übereinander geschlagene Beine können – zum Gesprächspartner hingewendet – dem Aufbau eines Sympathiefeldes dienen, im entgegengesetzten Fall jedoch eine deutliche Barriere bilden. Mit seinem Oberkörper kann ein Bewerber im Sitzen deutlich zeigen, ob er ein im wahrsten Sinne des Wortes entgegenkommender Mensch mit Interesse an seiner Umwelt oder ein desinteressierter Langweiler ist. Es gibt Tausende solcher kleiner Signale. Die Faustregel lautet: locker und entspannt, nur nicht »lümmeln«.

Sprechweise

Im Bewerbungsgespräch sollte man laut und deutlich sprechen, nicht zu schnell und nicht zu langsam, aber in stetem Tempo. Gezielt eingesetzte Pausen und eine starke Akzentuierung zeugen von Lebhaftigkeit und Gefühlsstärke. Generell sollte der Bewerber versuchen, sich dem Gesprächsverhalten seines Gegenübers anzupassen.

Inhalte

Soziale Kompetenz wird besonders an folgenden Kriterien festgemacht:
- Sensibilität
- Kontaktfähigkeit
- Kooperationsfähigkeit
- Selbstkontrolle

Entsprechendes Verhalten ist dabei die halbe Miete. Doch in einem Bewerbungsgespräch werden auch Fragen über das Leben, die Einstellung und Gemütsverfassung des Bewerbers gestellt, die diese Teile seiner Persönlichkeit näher beleuchten sollen. Man sollte sich also überlegen, wo man diese Fähigkeiten bisher unter Beweis gestellt hat.

Folgende Fragen können bei einem Brainstorming helfen:
- Sind Sie ein guter Zuhörer?
- Können Sie sich leicht in die Situation und die Probleme anderer hineindenken?
- Sind Sie in der Lage, Ihre Wirkung auf andere einzuschätzen?
- Kommen Sie leicht mit anderen Menschen ins Gespräch?
- Sind Sie ein vertrauensvoller Mensch?
- Erzählen Sie viel von eigenen Zielen, Absichten oder Problemen?
- Gönnen Sie anderen Erfolge?

- Können Sie unterschiedliche Interessen zielgerichtet »kanalisieren«?
- Können Sie eigene Ideen zu Gunsten anderer aufgeben?
- Reagieren Sie leicht aggressiv oder gereizt?
- Schwanken Ihre Stimmungen häufig?
- Provozieren Sie andere?

Wie Sie an die Tests herangehen sollten

Proben Sie den Ernstfall. Das soll heißen: Gehen Sie an die Fragen und Übungen dieses Buches heran, als wäre heute bereits der Tag X:

- Blättern Sie keinesfalls vorher schon in den Lösungen herum.
- Lösen Sie nicht nur einzelne Aufgaben, sondern einen kompletten Aufgabenblock.
- Halten Sie sich an das vorgegebene Zeitlimit.
- Suchen Sie sich eine ruhige Umgebung ohne Ablenkung.
- Geben Sie sich eine kurze Vorbereitungszeitspanne, in der Sie die Aufgaben genau durchlesen.
- Schauen Sie sich Beispiele – falls gegeben – gut an.
- Arbeiten Sie zügig, ohne sich festzubeißen.
- Suchen Sie nach Mechanismen, die Ihnen das Lösen erleichtern. Zum Beispiel geht es in manchen Rechenaufgaben, die auf den ersten Blick sehr kompliziert erscheinen, nur um eine grobe Schätzung. Schauen Sie sich die möglichen Lösungen an. Wenn diese sehr weit auseinander liegen, ist die Rechnung nur noch halb so schwierig.
- Überhaupt gilt: Erst die Lösungsvarianten anschauen, bevor man eine Frage als schwierig einstuft.
- Und zu guter Letzt: Ehrlich sein bei der Auswertung!

Stress und Entspannungstechniken

Es ist nichts zu fürchten als die Furcht.

(Ludwig Börne)

Wenn es auch Menschen geben soll, die scheinbar nichts aus der Ruhe bringt, für den Normalsterblichen gilt doch eher das Gegenteil. Und es gilt besonders für solche Situationen, in denen wir uns bewertet vorkommen und in denen die Gefahr besteht, zu enttäuschen oder zu versagen.

Gerade in unserer Zeit von Konkurrenzkampf und Leistungsdenken leiden immer mehr Menschen unter Ängsten und insbesondere unter Prüfungsängsten. Dabei geht es längst nicht mehr nur um das Kribbeln in der Magengrube und den Nervenkitzel, kurz bevor die Blätter ausgeteilt werden. Das kennt jeder, und so ein bisschen Anspannung und positiver Stress können für die Leistungsfähigkeit auch ganz nützlich sein. Nein, für Menschen, die unter Prüfungsangst leiden, wird die Testsituation zu einer existenziellen Bedrohung, zu einem Angriff auf ihr Selbstwertgefühl. Und das will verteidigt sein.

Personen, die unter Prüfungsangst leiden, wird das Erbe unserer Vorfahren zum Verhängnis, denn eine emotional massive Anspannung wird oft begleitet von heftigen Körperreaktionen. Durch das sympathische Nervensystem aktiviert, hält sich der gesamte Körper plötzlich in Habtachtstellung, die Muskeln sind zum Zerreißen gespannt, die Fäuste geballt. Die Herzfrequenz steigt, Blutgefäße verengen sich, die Körpertemperatur sinkt, und Blutdruck sowie Blutzuckerspiegel schnellen in die Höhe. Der Körper tut alles, um sich auf Gefahr vorzubereiten. Die logische Reaktion wäre dann: Kampf oder Flucht. Nur leider hinkt der Körper mit dieser Erkenntnis ein paar Jahrtausende hinterher. Denn gegen moderne Feinde wie beispielsweise Prüfungssituationen hilft das alterprobte Schutzkonzept des Homo sapiens herzlich wenig. In diesen Situationen will man eigentlich einen klaren Kopf, Talent, Können und Persönlichkeit beweisen. Und dazu muss man friedlich bleiben.

Was also tun? Resigniert anerkennen, dass man seinem Erbe hilflos ausgeliefert ist? Ganz so ausweglos ist die Sache nicht.

Die zentrale Frage ist die nach dem tatsächlichen Auslöser der Angst und damit des physischen Angstzustandes. Nicht etwa das Ereignis an sich, also die Prüfung, ist für das Erleben von Angst entscheidend, sondern vielmehr die Gedanken zu diesem Ereignis. Dabei spielen sich im Gehirn folgende Prozesse ab: Zunächst schätzt man ab, ob die betreffende Situation Gefahren birgt. Nur wenn ein Ereignis als bedrohlich bewertet wird, erzeugt es Stress. Wie intensiv dieser empfunden wird, hängt jedoch von einem zweiten Prozess ab: der Einschätzung der eigenen Fähigkeiten, mit dem Problem fertig zu werden.

Mit ein bisschen Nachdenken wird jeder diese Erkenntnis aus eigener Erfahrung bestätigen können. Es kommt nicht auf die Fakten an, sondern auf Stimmung und Blickwinkel der betroffenen Person. Diese lassen sich mit ein bisschen Zeit und Übung ändern und beeinflussen. So kann man den Stress, den Prüfungssituationen auslösen, zum eigenen Nutzen verwenden. Denn Stress ist nicht gleich Stress und nicht notwendigerweise schädlich.

Der Stressforscher Hans Selye definiert Stress als die unspezifische Reaktion des Körpers auf jede Anforderung, die an ihn gestellt wird. Selye unterscheidet zwei Formen von Stress: Eustress und Distress. Eustress ist eine positive lebensnotwendige Aktivation, Distress ist das schädliche Zuviel. Dieses Zuviel gilt es zu vermeiden, denn mit dem Rest lässt sich ganz brauchbar arbeiten: angeregt, konzentriert und voll leistungsfähig.

Wie man sich selbst und seinem Körper dabei helfen kann, das Zuviel an Distress abzubauen oder gar nicht erst aufkommen zu lassen, beschreibt dieses Kapitel. Die angeführten Übungen können jederzeit angewendet werden, besonders nützlich sind sie natürlich während der Trainingsphase und kurz vor dem Testtermin.

Die Wirkung von Humor

Im Gegensatz zu dem Gefühl von Angst, das Beklemmungen und Anspannung verursacht, bedeutet Lachen Entspannung, tieferes Atmen und eine bessere Versorgung mit Sauerstoff – alles Grundvoraussetzungen für Konzentration und geistige Aktivität.

Der Anspannung in Prüfungssituationen kann man mit ein bisschen Phantasie entgegenwirken:

Stellen Sie sich vor, Sie sitzen in einem Vorstellungsgespräch. Alles ist, wie Sie es fürchten. Die strengen Mienen, die grauen Vorhänge, die sterile Atmosphäre. Alles? Nun, sagen wir fast alles. Die Menschen um Sie herum, die Ihnen so gewichtig am Schreibtisch gegenübersitzen und Sie mit wertendem Blick taxieren: Sie alle sind nackt. Dem einen oder anderen mag Ihre Vorstellung die Krawatte oder das Paar Schuhe mit Ringelsöckchen gelassen haben, das erhöht den Reiz der Sache. Doch ansonsten herrschen Sitten wie bei Adam und Eva im Paradies.

Mit diesem Bild im Kopf lässt sich die Prüfungsangst konkret bekämpfen.

Eine andere Möglichkeit, sich vor einer Prüfung zu entspannen und fröhlicher zu stimmen, ist folgende:

Lächeln Sie mindestens 60 Sekunden lang und stark übertrieben.

Dadurch wird Stress abgebaut und das Gehirn angeregt, Glückshormone auszuschütten.

Entspannungstechniken

Lächeln und Lachen entspannt. Jede Art von körperlicher Aktivität hilft gegen Muskel- und Gefühlsverspannungen. Ob Joggen oder Schwimmen, Radfahren, Volleyballspielen oder Tanzen – all diese Aktivitäten befreien von Stress und Angst.

Folgende Übungen bauen Stress ab und verhelfen zu Entspannung:

Progressive Muskelrelaxation (nach Jacobson)

In dieser Übung sollen Sie lernen, sämtliche Muskelpartien Ihres Körpers in einen entspannten Zustand zu versetzen. Nun ist das ja Ziel und Zweck jeglicher Entspannungsübungen. Für Anfänger ist es jedoch oft schwierig, sich auf Kommando auf bestimmte Muskeln und Teile ihres Körpers zu konzentrieren und diese allein durch Vorstellungs- und Willenskraft völlig zu entspannen. Und wenn es überhaupt gelingen soll, dann höchstens in absolut stress- und störungsfreier Atmosphäre.

Diese Probleme versucht die Progressive Muskelrelaxation durch ein stufenweises Trainingsprogramm zu umgehen:

Stufe 1:
Machen Sie es sich, am besten im Sitzen, an einem ruhigen Ort bequem. Atmen Sie bewusst ein und aus. Beginnen Sie dann, synchron zum Atemrhythmus, die folgenden Muskelpartien erst anzuspannen und dann völlig locker zu lassen. Also: einatmen und anspannen – ausatmen und loslassen.
1. Fäuste anspannen
2. Oberarme anspannen (Bizeps)
3. Arme ausstrecken und Hände gegeneinander drücken
4. Fäuste anspannen, Schultern hochziehen, Hohlkreuz machen, Kopf in der Spannung drehen

5. Augen zusammenkneifen
6. Lachen, Grinsen
7. Zähne zusammenbeißen
8. Zunge an den Gaumen drücken
9. Brustkorb dehnen
10. Bauch rausdrücken
11. Bauch einziehen
12. Gesäß anspannen
13. Oberschenkel anspannen
14. auf die Fersen stellen
15. auf die Zehen stellen

Das Ganze machen Sie je zweimal, dann spannen Sie zum Abschluss noch dreimal Ihren gesamten Körper an und lösen die Spannung über die Atmung.

Stufe 2:
Wenn Sie die Übungen eine Weile über »reale« Anspannung trainiert haben und sowohl An- als auch Entspannung gut gelingen, dann gehen Sie über zur zweiten Stufe, der »imaginären« Anspannung.

Das heißt, sie stellen sich die Anspannung der einzelnen Muskelregionen synchron zur Einatmung vor, ohne dass es zu tatsächlicher Muskelaktion kommt. In der Ausatemphase spüren Sie dann weiterhin bewusst eine tiefe Entspannung.

Stufe 3:
Sobald es Ihnen gelingt, sich auch ohne tatsächliche Muskelanspannung völlig zu entspannen, können Sie beginnen, diese Übung an allen möglichen Orten Ihres Alltags einzubauen. Sei es in der U-Bahn, in der Vorlesung oder am Frühstückstisch – lassen Sie die anderen einfach reden, während Sie sich für einige Momente in absolute Tiefenentspannung zurückziehen.

Das A und O bleibt dabei in allen drei Stufen die Synchronisation mit der Atmung.

Atemübungen

Befreit aufatmen – das ist nicht einfach irgendeine Redensart. Atmen ist das A und O. Wer nicht zu atmen versteht, kann sich weder entspannen noch frei fühlen. Unser Atem ist der Rhythmus unseres Lebens und unserer Stimmungen, folglich können wir auch diese beeinflussen, wenn wir lernen, unseren Atem zu lenken.

Greifen Sie in Zukunft öfter einmal auf die folgenden Yoga-Atemübungen zurück, im ganz normalen Alltags-, besonders aber im gefürchteten Prüfungsstress. Sie werden schnell merken, wie Ihre Gedanken mit jedem bewussten Atemzug in ruhigere Bahnen gelenkt werden.

Reinigende Atmung (Ha-Atmung) im Stehen

Stellen Sie sich mit leicht gespreizten Beinen und genügend Bewegungsfreiheit in den Raum. Atmen Sie aus und dann langsam wieder ein. Heben Sie die Arme beim Einatmen langsam dehnend über den Kopf. Strecken Sie sie in Richtung der Fingerspitzen. Halten Sie den Atem in dieser Position einige Sekunden lang und lassen Sie dann den Rumpf kräftig nach vorne fallen. Dabei atmen Sie kräftig durch den Mund auf den Ton Ha aus. Stellen Sie sich vor, dass mit diesem Ha alle verbrauchte Luft und sämtliche Toxine aus Ihrem Körper strömen. Mit ihnen verfliegt jegliche Müdigkeit.

Diese Übung reinigt die Atmungsorgane, erfrischt den Blutkreislauf und vertreibt die Müdigkeit. Sie befreit den Körper von Giften und durchwärmt ihn.

Kapalabhati – Reinigung des Gehirns

Setzen oder knien Sie sich auf den Boden. Richten Sie die Wirbelsäule auf und legen Sie die Hände auf Ihren Bauch. Bringen Sie den Brustkorb in eine Mittelstellung zwischen Ein- und Ausatmung. Dann ziehen Sie mit einer kleinen, ruckartigen Bewegung den Bauch ein und verschieben damit das Zwerchfell nach oben, sodass es zu einem kleinen Ausatemstoß durch die Nase kommt. Anschließend lockern Sie die Bauchmuskeln wieder, das Zwerchfell senkt sich und es erfolgt eine leichte passive Einatmung, die dreimal so lange dauert wie das Ausstoßen der Luft. Wiederholen Sie den Vorgang mehrere Male und erhöhen Sie langsam das Tempo.

Das bewirkt eine Reinigung des Blutes und der einzelnen Bauchorgane von Giftstoffen, schenkt eine reine Haut, übt und trainiert die Lunge und kräftigt das Nervensystem. Bei dieser Übung wird das Blut mit Sauerstoff angereichert und die Zellatmung gefördert, insgesamt also das Gehirn angeregt und der Körper erfrischt.

Sitali – Zungen-Röhrchen
Nehmen Sie eine Sitzhaltung ein. Strecken Sie die Zunge circa zwei Zentimeter aus dem Mund und rollen Sie sie zu einer Rinne. Atmen Sie durch dieses Zungen-Röhrchen ein, nehmen Sie die Zunge wieder zurück und atmen Sie langsam durch die Nase aus. Wiederholen Sie das mehrere Male. Das entspannt das Nervensystem, hilft bei Atem- und Herzbeschwerden, befreit das Blut von Giftstoffen, regeneriert die Haut und reichert das Blut mit Sauerstoff an.

Gedankenfallen

Denken ist reden mit sich selbst. Das wäre an und für sich kein Grund zur Sorge. Doch leider sind viele Menschen dem eigenen Ich keineswegs der ersehnte Freund und Helfer, sondern allzu oft dessen größter Kritiker. Doch nur weil man sich bestimmte Denkweisen ausgesucht und an sie gewöhnt hat, muss man nicht auf ewig an ihnen festhalten. Man muss sie jedoch erst einmal entdecken.

Im folgenden Absatz werden einige solcher typischen »Denkfallen« vorgestellt. Beurteilen Sie, ob Sie sich vielleicht in einer von ihnen verfangen haben.

Verhexte Gedankenketten

Die Geschichte mit dem Hammer

Ein Mann will ein Bild aufhängen. Den Nagel hat er, nicht aber den Hammer. Der Nachbar hat einen. Also beschließt unser Mann, hinüberzugehen und ihn auszuborgen. Doch da kommt ihm ein Zweifel: Was, wenn der Nachbar mir den Hammer nicht leihen will? Gestern schon grüßte er mich nur so flüchtig. Vielleicht war er in Eile. Aber vielleicht war die Eile nur vorgeschützt, und er hat etwas gegen mich. Und was? Ich habe ihm nichts getan; der bildet sich da etwas ein. Wenn jemand von mir ein Werkzeug borgen wollte, ich gäbe es ihm sofort. Und warum er nicht? Wie kann man einem Menschen einen so einfachen Gefallen abschlagen? Leute wie dieser Kerl vergiften einem das Leben. Und dann bildet er sich noch ein, ich sei auf ihn angewiesen. Bloß weil er einen Hammer hat. Jetzt reicht's mir wirklich. Und so stürmt er hinüber, läutet, der Nachbar öffnet, doch bevor er »Guten Tag« sagen kann, schreit ihn unser Mann an: »Behalten Sie Ihren Hammer, Sie Rüpel!«

(aus Paul Watzlawick, »Anleitung zum Unglücklichsein«, Piper, 1983)

Die Botschaft dieser kurzen Episode eines chronisch unglücklichen Lebens ist deutlich: Nehmen Sie Ihre eigene Interpretation einer Situation nicht immer gleich für bare Münze. Überprüfen Sie stattdessen, ob auch Sie sich manchmal von vorschnellen Annahmen beeinflussen lassen und warum sie es nötig haben, alles in permanent negativem Licht zu sehen.

Self-fulfilling prophecies

»Beschrei's nicht«, sagt der Volksmund und hat damit oft Recht. Wer permanent davon redet, dass etwas schief geht, der wird auch Mittel und Wege finden, sich immer wieder bestätigt zu sehen.

Da steht zum Beispiel morgens im Horoskop der Tageszeitung, dass heute der Beziehungs-Haussegen der Fische schief hängen wird. Und unser horoskopgläubiger Fisch? Der lauert angespannt den ersten falschen Tönen auf. Hört er da nicht eine leichte Irritation in der Antwort seines Partners? Klingt der andere nicht genervt oder schlimmer noch, völlig gleichgültig? Was auch immer ein Partner in einer derart angespannten Situation dann auch macht – es kommt zum Streit. Der Fisch ist zufrieden und denkt sich: Wieder mal richtig, das Horoskop.

Ähnliches gilt für den bei Prüfungsmuffeln so beliebten Refrain: »Ich schaff's nicht, ich schaff's nicht!« Richtig – so schaffen Sie's wirklich nicht.

Übertreiben und Verallgemeinern

Wir treten bei der ersten Tanzstunde unserem Partner auf die Füße und entschuldigen uns fortan bei jedem gesellschaftlichen Ereignis für unser mangelndes Taktgefühl, wir zerbrechen eine Tasse von Omas Porzellan und fühlen uns für die nächsten Jahre wie das größte Trampeltier. Oder aber: Wir fallen durch einen einzigen Test und stempeln uns selbst als Versager ab.

Versuchen Sie, solche Übertreibungen und Pauschalierungen zu hinterfragen. Schätzen Sie die Dinge realistisch ein. Überlegen Sie zum Beispiel, wie viele Tests Sie vor dem einen missglückten schon bestanden haben. Oder fragen Sie einfach Ihre Oma, aus wie vielen Tassen das Porzellanservice ganz zu Anfang bestand – bevor Ihr Vater auf die Welt kam.

Perfektionismus

Es geht immer noch ein Stückchen besser? Trugschluss. Denn ab einem bestimmten Zeitpunkt gerät das Kosten-Nutzen-Verhältnis aus den Fugen. Dann nämlich, wenn Sie in winzige Verbesserungen so viel Zeit und Nerven investieren, dass sich der Aufwand nicht mehr rechnet. Wenn man darauf verzichtet, alles perfekt machen zu wollen, erzielt man bessere Ergebnisse. Das klingt zunächst paradox, doch es stimmt. Denn um eine Aufgabe zu 80 Prozent zu erfüllen, benötigen wir eine gewisse Menge an Aufwand. Um sie aber zu 100 Prozent zu erfüllen, müssen wir nicht einfach weitere 20 Prozent Energie investieren, sondern die doppelte Menge oder sogar noch mehr. Alles 100-prozentig machen zu wollen kann also sehr unökonomisch sein.

Die Augen der anderen

Die Angst vor dem Versagen beinhaltet immer auch die Angst vor dem Urteil der anderen. Diese anderen können Freunde, Familienangehörige oder völlig Fremde sein, aber von ihrem Urteil hängt unser Selbstwertgefühl ab. Wenn wir uns selbst nicht genug sind, brauchen wir die Bestätigung von außen und suchen über Erfolge und Taten nach Anerkennung. Diese Einstellung kann schon deshalb Misserfolge verursachen, weil sie uns daran hindert, uns mit der eigentlichen Aufgabe zu beschäftigen.

Selbstbestrafung

Ein Sprichwort lautet: Bei solchen Freunden braucht man keine Feinde. Manche Menschen brauchen solche Freunde nicht, sie übernehmen diese Rolle selbst.

Wenn du heute nicht mindestens fünf Stunden lernst, dann bleibst du morgen zu Hause und gehst nicht auf Elkes Geburtstagsfeier. – Wenn du diesen Test nicht schaffst, dann lernst du in den nächsten Wochen sechs Stunden täglich. – Wenn du bis 20.00 Uhr nicht mindestens bei Kapitel zwölf angekommen bist, dann wird nichts aus dem gemütlichen Fernsehabend.

Das alles klingt nach einer modernen Variante der Grimmschen Stiefmutter. Aber so einfach ist es nicht. Denn hier ist keineswegs ein fehlgeleiteter Erziehungsberechtigter am Werk, sondern unser eigenes, reichlich ungnädiges Gewissen. Der Versuch, sich so zu besseren Leistungen anzuspornen, führt zum Gegenteil: seelischer Druck, Unlust, schlechte Arbeitsmoral. Diese Stimmungen lassen uns immer gereizter und oft sogar anfälliger für Krankheiten werden.

Belohnen Sie sich, anstatt sich zu bestrafen! Sorgen Sie für Ausgleich und gute Stimmung, gehen Sie essen, treiben Sie Sport, treffen Sie Freunde und gönnen Sie sich den Filmabend zwischendurch. Sie werden sehen, wie viele Energien plötzlich frei werden, die Sie zuvor für Müdigkeit und schlechte Laune verbraucht haben.

Vermeidung

»Nicht weil es schwer ist, wagen wir es nicht – sondern weil wir es nicht wagen, ist es schwer.«

(Seneca)

Unangenehme Situationen und Aufgaben schieben wir gerne vor uns her. Morgen, heißt es da mit schöner Regelmäßigkeit. Manchmal geht die Rechnung sogar auf. Ein Termin verstreicht, ohne dass sich jemand beschwert, Versprechen geraten in Vergessenheit und ein anderer übernimmt unsere Verpflichtungen.

Prüfungen allerdings erledigen sich nicht einfach von selbst. Dafür wachsen die Angst und der seelische Druck. Es fällt uns noch schwerer, endlich mit der Arbeit zu beginnen, die Aufgabe scheint in der verbleibenden Zeit immer unlösbarer und schließlich geben wir auf. Der bequeme Part dabei? Nun, wirklich versagen kann man nie, denn man hat ja nicht ausprobiert, ob man es geschafft hätte. So bleibt immer noch das Hintertürchen »Wenn«. Wenn ich wirklich gelernt hätte, … Wenn ich mich zusammenreißen würde, … Wenn ich wirklich wollte, …

Selbstvertrauen aufbauen

All die hier beschriebenen Haltungen, Einstellungen und Verhaltensweisen sind im Grunde genommen nichts weiter als Symptome ein und desselben Übels: mangelnden Selbstvertrauens.

Wir fühlen uns den Anforderungen, die unsere Umgebung an uns stellt, nicht gewachsen, definieren unseren persönlichen Wert über unser Abschneiden bei Tests oder Prüfungen, oder wir schöpfen unser Selbstwertgefühl aus der Anerkennung durch Dritte.

Jeder Mensch hat mehr oder weniger mit seinem Selbstwertgefühl zu kämpfen. Doch im Grunde sollte jeder Mensch über ein gesundes Gerüst an Selbstvertrauen verfügen, um es in schwierigen Situationen mobilisieren zu können.

Die folgenden beiden Übungen sollen Ihnen Wege und Möglichkeiten zeigen, Ihr Selbstwertgefühl zu stärken.

Übung 1: Selbstvertrauen mobilisieren

Stellen Sie sich aufrecht und möglichst entspannt hin. Spüren Sie bewusst den Kontakt Ihrer Fußsohlen zum Boden. Lassen Sie den Körper ein wenig um die eigene Achse schwingen, um eine sichere, in sich ruhende Haltung zu finden, die Wohlbefinden vermittelt. Erinnern Sie sich nun an eine Situation, in der Sie ein Hoch erlebt haben. Wann haben Sie sich zuletzt so richtig glücklich und rundum wohl gefühlt? Versetzen Sie sich in diese Stimmung zurück und achten Sie dabei auf Ihren Körper.

Wie ist Ihre Haltung, Ihre Mimik, Ihr Aussehen?

Spüren Sie ganz bewusst in dieses Hoch hinein, lassen Sie es auf sich wirken und atmen Sie tief und entspannt. Dann ballen Sie eine Hand zur Faust und schlagen einmal fest in die offene Handfläche der anderen. Dazu sagen Sie laut und deutlich: »Ja, ich kann's.«

Kehren Sie noch einmal in die Ausgangshaltung zurück, achten Sie wiederum auf Ihre Haltung, Ihren Gesichtsausdruck, Ihre Stimmung und lassen diesen Gesamteindruck eine Weile auf sich wirken.

Wenn Sie diese Übung regelmäßig wiederholen, wird es Ihnen mit der Zeit immer leichter fallen, das Gefühl von Selbstvertrauen und Kraft zu mobilisieren. Irgendwann wird es schon genügen, wenn Sie bewusst die Hand zur Faust ballen und tief durchatmen – zum Beispiel in einem Bewerbungsgespräch.

Übung 2: Ängste abbauen

Versetzen Sie sich mit der gerade beschriebenen Übung in einen entspannten Zustand. Spüren Sie, dass Sie sich wohl fühlen. Dann stellen Sie sich eine Situation vor, die Sie als eher unangenehm empfunden haben. Achten Sie darauf, dass Sie das Gefühl von Ruhe und Selbstvertrauen mit in diese Situation nehmen. Wenn das funktioniert, gehen Sie zu einer Situation über, die Sie etwas stärker belastet hat. Tasten Sie sich so von einer unangenehmen Erinnerung zur anderen, bis Sie sich schließlich der Vorstellung von Situationen stellen, in denen Sie tatsächlich Angst, also etwa Prüfungsangst, hatten. Es ist wichtig, dass Sie in einem Zustand von Ruhe, Entspannung und Zuversicht bleiben. Sobald Sie erste Anzeichen von Angst oder Unruhe bemerken, lassen Sie die Erinnerung los. Kehren Sie in den Ausgangszustand zurück und beenden Sie die Übung.

So sollte es gelingen, sich von Mal zu Mal weiter in Ihr Angstrepertoire vorzutasten und immer mehr imaginäre Situationen mit einem Gefühl von Ruhe und innerer Stärke zu meistern.

Was in der Vorstellung klappt, funktioniert früher oder später auch in der Realität.

Eines müssen wir Ihnen am Ende dieses Kapitels noch ans Herz legen: Mit der zuletzt beschriebenen Übung sind wir bereits an die Grenzen dessen gestoßen, was man im Selbstversuch unternehmen sollte.

Prüfungsstress und Nervosität, Unruhe und schlechte Laune lassen sich mit den in diesem Kapitel beschriebenen Übungen und Ratschlägen in den Griff bekommen.

Prüfungsangst jedoch kann auch zu einer regelrechten Krankheit werden, zu einem Problem, mit dem Sie alleine oder nur durch die Unterstützung von Büchern nicht fertig werden.

Sollten Sie also das Gefühl haben, dass Ihre Ängste in Bezug auf Prüfungen Dimensionen angenommen haben, die Ihr Leben bestimmen und einengen, und sollten Sie sich bei Versuchen, diese Ängste unter Kontrolle zu bekommen, immer wieder im Kreis drehen, dann suchen Sie nicht nach neuer Fachliteratur oder Ausreden und Ausflüchten, sondern nach professioneller Hilfe.

Zeitmanagement

Es ist ein weit verbreitetes Phänomen, dass Menschen heute mit ihrer Zeit nicht zurechtkommen. Hektisch geht es auf den Straßen zu, auf dem Schreibtisch türmen sich Stichworte wie »dringend« oder »zu erledigen«, und die Geschwindigkeit in Kommunikation und Technik wächst rasant. Leben auf der Überholspur – das ist ein viel benutztes Schlagwort, und immer mehr gilt: Wer zuerst kommt, mahlt zuerst.

Die Vorbereitung auf einen Bewerbungstest wird Ihren Terminkalender noch voller erscheinen lassen. Die Zeit drängt, Tag und Uhrzeit stehen fest. Die Seiten jedoch, die es durchzuarbeiten gilt, werden nicht weniger.

Man nimmt sich also vor, ein Wochenende und die Feierabende zu opfern und den gerade begonnenen Krimi wieder beiseite zu legen. Am Tag, den man für den Beginn der Vorbereitungen vorgesehen hat, kocht man sich eine Kanne Kaffee, setzt sich mit sämtlichen Trainingsmaterialien an den Schreibtisch und – fühlt sich überfordert. Die Materialmenge scheint unüberschaubar, die Uhr tickt.

Man beginnt, sich zu beeilen, springt von Seite zu Seite, löst hier und dort einige Aufgaben, findet die entsprechenden Lösungen nicht, geht zurück an den Anfang – und stellt nach drei Stunden fest, dass man eigentlich keinen Schritt weiter ist.

Daher ist es sinnvoll, sich schon vor dem eigentlichen Testtraining zu überlegen, wie man dieses gestalten will.

Planen Sie Ihre Vorbereitungsphase!

Nicht umsonst haben Sie im Kapitel 3 (»Bestandsaufnahme«) eine erste Trainings-Testrunde absolviert, um Ihr persönliches Trainings- und Leistungsprofil zu erstellen.

Sie kennen die Testtypen, die auf Sie zukommen, und Sie kennen Ihre Stärken und Schwächen. Sie wissen, wo es hapert und womit Sie folglich anfangen müssen. Erstellen Sie nun Ihren persönlichen Trainings-Stundenplan:

- Entscheiden Sie, welche Aufgaben am intensivsten trainiert werden müssen, und stellen Sie diese an den Anfang.
- Bauen Sie immer wieder Übungen ein, in denen Sie gut sind, das gibt Auftrieb fürs Selbstbewusstsein.
- Kalkulieren Sie, wie viel Zeit Sie für die einzelnen Aufgaben und das Kontrollieren der Lösungen brauchen werden. Die Zeitangaben zu den jeweiligen Übungsblöcken werden Ihnen dabei helfen. Rechnen Sie Pufferzeiten für eventuelle Störungen mit ein.
- Lassen Sie Zeit für »Kaffeepausen« – Sie selbst müssen wissen, wie lange Sie sich ohne Probleme am Stück konzentrieren können.
- Kontrollieren Sie am Ende Ihres Arbeitstages, wie viel des geplanten Pensums unerledigt geblieben ist. Machen Sie sich Gedanken, woran es liegt: Haben Sie sich ablenken lassen? Falsch geplant? Versuchen Sie, aus Ihren Fehlern zu lernen.

Natürlich erstellt man einen solchen Plan nicht aus lauter Jux und Tollerei, sondern, um sich daran zu halten – und zwar Schritt für Schritt. Wenn Sie die entsprechende Disziplin aufbringen, tun Sie sich mit dieser Art Planung folgende Gefallen:

- Sie erhalten einen Überblick, was zu erledigen ist und wie Sie die Aufgaben auf die zur Verfügung stehende Zeit verteilen können.

- Sie können keine Übungen einfach vergessen, weil Sie alles schriftlich fixiert haben.
- Sie können konzentrierter und zügiger arbeiten, die Selbstmotivation fällt leichter, da Sie auf ein klares, unmittelbares Ziel hinarbeiten.
- Sie dokumentieren Ihre Fortschritte – auch das wird Ihnen helfen, sich weiter zum Üben zu motivieren.

Pausen und Entspannung

So weit zum Organisatorischen. Die beste Planung nützt aber nichts, wenn man die vorgesehene halbe Stunde ungenützt verstreichen lässt. Um unsere sorgfältig ausgeklügelte Planung auch einhalten und ausnützen zu können, müssen wir zuallererst eines sein: einsatzbereit. Dazu wiederum braucht es Zeit zum Ausspannen und Auftanken.

Gönnen Sie sich die notwendige Erholung, beispielsweise ein gutes Essen mit Freunden, eine Stunde in der Badewanne oder einen Tanzabend zum Austoben.

Wenn Sie jeden Tag von morgens bis abends auf Achse sind, Terminen hinterherjagen und ständig unter Zeitdruck stehen, dann haben Sie bald keine Kraft und Energie mehr. Für Aufgaben, die Sie früher mit links erledigten, brauchen Sie plötzlich halbe Tage und Nächte, Sie haben scheinbar immer weniger Zeit und geizen daher noch stärker mit Pausen oder Entspannung – ein Teufelskreis.

Wenn Sie sich stattdessen pro Tag einige Minuten und Stunden Zeit nehmen, um Ihre Energiereserven aufzuladen, dann werden Sie auch mit mehr Elan an die Arbeit gehen können. Was auf den ersten Blick nach verlorener Zeit für das Arbeitspensum aussieht, spart in Wahrheit wertvolle Minuten oder gar Stunden, indem es Ihnen dabei hilft, sich zu erholen und somit effektiv zu arbeiten. Also tun Sie sich öfter mal etwas Gutes und legen Sie eine Pause ein.

Testtraining

Hier eine Übersicht über die Bestandteile des folgenden Kapitels. Die Reihenfolge, in der Sie die Aufgaben bearbeiten, sollte sich nach Ihrem persönlichen Trainingsplan richten.

 Entscheiden Sie selbst, womit Sie beginnen, wie häufig Sie die einzelnen Aufgaben wiederholen und wann Sie einen Schlussstrich setzen wollen. Die Lösungen finden Sie am Ende des Buches.

Füllen Sie die vorgegebenen Kästchen folgendermaßen aus, um einen Überblick über Ihre Leistungen zu erhalten:

Unter G finden Sie die Gesamtzahl an Aufgaben, die es im jeweiligen Bereich zu bearbeiten gibt.

 Tragen Sie unter F Ihre Fehlerquote ein. Wie viele Fragen haben Sie falsch beantwortet?

 Schätzen Sie unter E ein, wie zufrieden Sie auf einer Skala von 1 bis 5 mit Ihrer Leistung sind.

 Im letzten Kästchen machen Sie einen Haken, wenn der entsprechende Trainingsbereich abgeschlossen ist.

Und nun viel Glück und viel Vergnügen!

	G	F	E	H
Allgemeinwissen				
Staatskunde, Politik	15			
Wirtschaft	15			
Geschichte	15			
Philosophie, Religion	15			
Physik, Chemie	15			
Biologie, Medizin	15			
Technik, Mathematik	15			
Erde und Weltall	15			
Darstellende Kunst, Literatur	15			
Musik, Sport und Unterhaltung	15			
Bedeutende Persönlichkeiten	15			
Rechtschreibung und Fremdwörter				
Rechtschreib-Korrekturen	15			
Druckfehler	50			
Fremdwörter-Kenntnisse	25			
Leistungs- und Konzentrationstests				
Adressenfehler	2x14			
Buchstabenreihen aufspüren	14			
Buchstaben-Striche-Test	20			
Symbol-Positionen erkennen	20			
Namen codieren	30			
Vokale berechnen	9			
Inhalte erfassen	12			
Rechen-Konzentrationsaufgaben	26			
Symbolfelder	10			
Ziffern verknüpfen	14			
Pfeilzeichen-Rechnen	1			
Objekte vergleichen	15			
Logisches Denkvermögen				
Ausschließlichkeiten	14			

	G	F	E	H
Tatsache oder Annahme	12			
Abstruse Rückschlüsse	10			
Dominosteine	15			
Verbale Intelligenz				
Verbale Begriffsreihen	20			
Wortanalogien	25			
Mathematische Fähigkeiten				
Ergebnisse schätzen	20			
Gemischte Textaufgaben	20			
Zeichen-Rechnungen	20			
Räumliches Vorstellungsvermögen				
Spiegelungen	15			

Allgemeinwissen

Diese Art Test wird sehr häufig in Prüfungen angewendet. Auf diese Weise sollen Bildungsstand und Weltgewandtheit getestet sowie der intellektuelle Horizont ausgelotet werden. Fälschlicherweise werden diese Prüfungen oft den Intelligenztests zugeordnet, obwohl es sich hierbei eindeutig um Kenntnistests handelt.

Den folgenden 150 Fragen sind jeweils drei falsche und eine richtige Antwort beigefügt – eine Methode, die als »Multiple-Choice-Verfahren« bezeichnet wird. Ihre Aufgabe besteht darin, die richtige Antwort herauszufinden. Dafür haben Sie 40 Minuten Zeit.

Staatskunde, Politik

1. Von wem wird in Deutschland der Bundeskanzler gewählt?
a) Vom Volk
b) Von der Bundesversammlung
c) Vom Bundestag
d) Von den Ministerpräsidenten der Länder

2. Was bedeutet »passives Wahlrecht«?
a) Die Möglichkeit der Briefwahl
b) Die Möglichkeit, selbst gewählt werden zu können
c) Die Freiwilligkeit, wählen gehen zu können
d) Sein Wahlrecht durch eine Vertrauensperson ausüben zu lassen

3. Wo befindet sich der Hauptsitz des Europäischen Parlaments?
a) Straßburg
b) Berlin
c) Paris
d) Amsterdam

4. *Welches ist das höchste Organ der Rechtsprechung in Deutschland?*
a) Bundesrat
b) Bundesverwaltungsgericht
c) Bundesjustizministerium
d) Bundesverfassungsgericht

5. *Wie ist die Bezeichnung für die Staatsform Deutschlands?*
a) Bundespräsidialrepublik
b) Demokratisch-parlamentarischer Bundesstaat
c) Föderative Volksrepublik
d) Demokratischer Präsidialstaat

6. *Was ist der Name für das Russische Parlament (Unterhaus)?*
a) Kongress
b) Kreml
c) Staatsduma
d) Sowjet

7. *Was sind Schöffen?*
a) Ehrenamtliche Laienrichter
b) Staatliche Gerichtsdiener
c) Parlamentarische Justizhelfer
d) Angehörige des Justizministeriums

8. *Was ist die UNESCO?*
a) Weltgesundheitsorganisation
b) Weltkinderhilfswerk
c) UN-Organisation für Erziehung, Wissenschaft und Kultur
d) Welternährungsprogramm

9. *Was bedeutet »multilateral«?*
a) Eine Gesellschaft, die aus vielen unterschiedlichen Kulturen zusammengesetzt ist
b) Wechselseitige Beziehungen oder Verträge zwischen mehreren Staaten
c) Ein Militärbündnis zwischen verschiedenen Staaten
d) Der Zusammenschluss von Abgeordneten aus unterschiedlichen Staaten im Europaparlament

10. *Worauf beruht die Gewaltenteilung in Deutschland?*
a) Auf der Trennung des Oberbefehls von Polizei und Militär
b) Auf der Kulturhoheit der Länder
c) Auf der Kontrolle des Bundes durch die Länder
d) Auf der Trennung der Funktionen von Gesetzgebung (Legislative), Rechtsprechung (Judikative) und ausführender Gewalt (Exekutive)

11. *Was zählt nicht zu den Merkmalen eines Rechtsstaats?*
a) Die Schulpflicht
b) Die Garantie von Grundrechten der Bürger
c) Die Gebundenheit des Staates an die Verfassung und Gesetze
d) Eine unabhängige Gerichtsbarkeit

12. *Was verbirgt sich hinter dem Begriff »Populist«?*
a) Ein sehr beliebter Volksvertreter
b) Ein Staatsoberhaupt, das durch einen Putsch an die Regierung kam
c) Ein opportunistischer, oft mit demagogischen Mitteln agierender Politiker
d) Der Chef einer Volkspartei

13. *Wie lange dauert im Normalfall eine Legislaturperiode in Deutschland?*

a)   5 Jahre

b)   10 Jahre

c)   6 Jahre

d)   4 Jahre

14. *Was ist der Inhalt von Artikel 1, Abs. 1 des Deutschen Grundgesetzes?*

a)   Die Pressefreiheit

b)   Die Unantastbarkeit der Würde des Menschen

c)   Die Meinungsfreiheit

d)   Die Einhaltung der Regeln der sozialen Marktwirtschaft

15. *Welche Aufgaben hat der Bundesrat?*

a)   Mitwirkung der Länder bei der Gesetzgebung und Verwaltung des Bundes

b)   Wahl des Bundespräsidenten

c)   Verabschiedung des Bundeshaushalts

d)   Kontrolle über die Militärführung

Wirtschaft

1.   *Wie ist der Name für das Wirtschaftssystem in Deutschland?*

a)   Demokratisch kontrollierte Verbraucherwirtschaft

b)   Soziale Marktwirtschaft

c)   Freie Marktwirtschaft

d)   Liberales Volkswirtschaftssystem

2. *Wo befindet sich der Sitz der Europäischen Zentralbank (EZB)?*
a) Luxemburg
b) Brüssel
c) Frankfurt/Main
d) Paris

3. *Was versteht man unter einem Kartell?*
a) Zusammenschluss von rechtlich selbstständigen Unternehmen zum Zweck der Marktbeherrschung
b) Eine Bündelung von Wertpapieren
c) Die Gesamtheit der Kapitalgesellschaften eines Staates
d) Die Inhaber der Aktienmehrheit bei einer AG

4. *Was bedeutet der Ausdruck »Baisse«?*
a) Eine starke Schwankung an den Aktienmärkten
b) Ein deutlicher Anstieg der Aktienkurse
c) Den Preis einer Aktie bei der Erstausgabe
d) Ein starkes Fallen der Aktienkurse

5. *Was versteht man unter Insolvenz?*
a) Die Auflösung eines Unternehmens
b) Die Zerstückelung einer AG in mehrere Aktiengesellschaften
c) Die Unfähigkeit eines Unternehmens, seine Zahlungsverpflichtungen zu begleichen
d) Den Verkauf einer Firma ins Ausland

6. *Wofür steht der Begriff »Tarifautonomie«?*
a) Für die Einstufung einer Entlohnung durch einen unabhängigen Sachverständigen
b) Für zwischen Gewerkschaften und Arbeitgeberverbänden frei ausgehandelte Tarifverträge ohne staatliche Eingriffe
c) Für autonome Tarifabschlüsse einzelner Beschäftigter innerhalb eines Unternehmens

d) Für die Festsetzung der Beförderungstarife ausschließlich durch die Fahrgastunternehmen

7. *Was versteht man unter dem Begriff »Hypothek«?*
a) Das Zurückbleiben hinter den prognostizierten Gewinnen
b) Das Gegenteil von Gewinn an der Börse
c) Den Betrag des steuerlichen Abzugs bei Aktiengewinnen
d) Die Belastung eines Grundstücks oder Wohneigentums mit einem Geldbetrag zur Absicherung von Darlehen durch Eintragung ins Grundbuch

8. *Was ist die Aufgabe eines Aufsichtsrats?*
a) Kontrollorgan bei einer AG, GmbH oder Genossenschaft zur Überwachung der Geschäftsführung
b) Von der Belegschaft eines Betriebs gewähltes Gremium zur Überwachung der Sicherheitsnormen
c) Staatlich bestelltes Gremium zur ordnungsgemäßen Abwicklung eines Betriebs nach Konkurs
d) Arbeitnehmervertretung im Arbeitsministerium mit lediglich Beobachterstatus

9. *Wie heißt der Aktienindex von 30 ausgewählten Wertpapieren an der New Yorker Effektenbörse?*
a) Wall Street
b) Nemax
c) Dow Jones
d) Nikkei

10. *Was ist ein »Assessment Center«?*
a) Ein virtuelles Einkaufszentrum im Internet
b) Ein Ausstellungsforum für neue Hightech-Produkte
c) Ein Zentrum, in dem innovative Führungskräfte zusammenkommen, um neue Marktstrategien zu entwickeln

d) Ein Auswahlseminar zur Beurteilung der charakterlichen und fachlichen Eigenschaften von Bewerbern

11. Was macht den Erwerb einer Immobilie rechtswirksam?
a) Die Unterschrift unter den Kaufvertrag
b) Der Eintrag ins Grundbuch
c) Die Erstattung der vollen Kaufsumme
d) Die Zahlung der ersten festgesetzten Zahlungsrate

12. Wie lautet die Fachbezeichnung für eine gesetzlich definierte Handlungsvollmacht?
a) Prokura
b) Attestat
c) Giro
d) Magnat

13. Was ist das Bruttosozialprodukt (BSP)?
a) Die Roheinnahme eines Unternehmens, von der noch die Investitionskosten abzuziehen sind
b) Der Staatsetat für die Gesamtausgaben im Sozialbereich
c) Der reine Jahresgewinn einer Person nach Abzug aller in diesem Zeitraum anfallenden Fixkosten
d) Der Wert aller Güter und Dienstleistungen, die von einer Volkswirtschaft während eines bestimmten Zeitraumes konsumiert, investiert und exportiert wurden, abzüglich der Importe

14. Was sind Subventionen?
a) Erwirtschaftete Gelder, die der Steuer vorenthalten werden
b) Heimliche Absprachen von Firmen bei einer Auftragsvergabe
c) (Zumeist staatliche) Zuschüsse an Unternehmen, Landwirtschaft oder Privathaushalte
d) Parteispenden, die steuerlich absetzbar sind

15. Wann hat sich ein Wirtschaftsgut amortisiert?
a) Wenn es am Markt angekommen ist
b) Wenn die Erträge die Kosten decken
c) Bei günstigen Marktprognosen
d) Nach guter Qualitätsbeurteilung durch die Stiftung Warentest

Geschichte

1. Wie hieß der erste Bundeskanzler der BR Deutschland?
a) Gustav Stresemann
b) Ludwig Erhardt
c) Theodor Heuss
d) Konrad Adenauer

2. In welchem Jahr entdeckte Christoph Kolumbus Amerika?
a) 1548
b) 1412
c) 1492
d) 1601

3. Wie hießen die Forderungen der Französischen Revolution?
a) Pressefreiheit, Meinungsfreiheit, Versammlungsfreiheit
b) Freiheit, Gleichheit, Brüderlichkeit
c) Abschaffung von Leibeigentum, Demokratie und freie Wahlen
d) Frieden, Wohlstand, Gerechtigkeit

4. Welchem Adelsgeschlecht gehörte Friedrich I. Barbarossa an?
a) Den Staufern
b) Den Welfen
c) Den Hohenzollern
d) Den Habsburgern

5. *Was geschah 1815 in der Schlacht bei Waterloo?*
a) Die Engländer schlugen entscheidend ein russisches Heer
b) Napoléon Bonaparte wurde von den Koalitionsarmeen endgültig besiegt
c) Die Habsburger verloren ihre letzten Besitztümer in der Schweiz
d) Die zahlenmäßig überlegenen Niederländer mussten vor einem kleinen belgischen Heer kapitulieren

6. *Welcher chinesische Revolutionär rief 1949 die Volksrepublik China aus?*
a) Ho Chi Minh
b) Chou En-lai
c) Chiang Kai-schek
d) Mao Zedong

7. *Welcher amerikanische Präsident wurde am 22. November 1963 in Dallas ermordet?*
a) Robert Kennedy
b) Harry S. Truman
c) John F. Kennedy
d) Abraham Lincoln

8. *Mit welcher Urkunde wurden dem Königtum in England 1215 etliche Vorrechte abgenötigt und u.a. festgelegt, dass sich der König dem Recht zu beugen hat?*
a) Magna Charta
b) Goldene Bulle
c) Declaration of Civil Order
d) Westminster Statut

9. *Von wann bis wann fand der Dreißigjährige Krieg statt?*
a) 1356–1386
b) 1575–1605

c) 1713–1743
d) 1618–1648

10. *Wer war der erste Präsident der USA?*
a) Abraham Lincoln
b) Thomas Jefferson
c) George Washington
d) Theodore Roosevelt

11. *Wann fand der Erste Weltkrieg statt?*
a) 1939–1945
b) 1914–1918
c) 1905–1914
d) 1888–1897

12. *Wofür steht der Begriff »Weiße Rose«?*
a) Für eine studentische Widerstandsgruppe gegen den National-
   sozialismus unter der Leitung der Geschwister Scholl
b) Für das Entlaubungsgift, das die Amerikaner im Vietnamkrieg
   einsetzten
c) Für eine Oppositionsgruppe in der DDR
d) Für eine pazifistische Organisation, die in den 1950er Jahren
   gegen die Wiederaufrüstung der BRD kämpfte

13. *Wie hieß der Ehemann der ägyptischen Königin Nofretete?*
a) Amenophis IV. (Echnaton)
b) Tut-ench-Amun
c) Cheops
d) Ramses II.

14. *Was war die »Reconquista«?*
a) Die Rückeroberung der von den Mauren besetzten iberischen
   Halbinsel durch spanische Armeen

b) Die Eroberung und Unterwerfung der Azteken und Mayas durch die Spanier

c) Ein grausames Strafgericht der Katholischen Kirche gegen sog. Ketzer

d) Der Unabhängigkeitskrieg der spanischen Kolonien in Südamerika

15. *Welcher Feldherr der Antike überquerte mit einem Heer, in dem sich auch Kriegselefanten befanden, die Alpen in Richtung Rom?*

a) Attila

b) Alexander der Große

c) Hannibal

d) Julius Caesar

Philosophie, Religion

1. *Die Flucht (Hedschra) Mohammeds von Mekka nach Medina ist der Beginn der islamischen Zeitrechnung. In welchem Jahr war das?*

a) 1009 n. Chr.

b) 622 n. Chr.

c) 124 v. Chr.

d) 333 n. Chr.

2. *Welcher Philosoph hat mit seinem Hauptwerk »Kritik der reinen Vernunft« die Erkenntnistheorie begründet?*

a) René Descartes

b) Arthur Schopenhauer

c) Immanuel Kant

d) Georg Wilhelm Friedrich Hegel

3. Wann wurde mit den Ablassthesen von Martin Luther die Reformation ausgelöst?

a) 1517
b) 1458
c) 1609
d) 1368

4. »Ich weiß, dass ich nichts weiß.« – Von wem stammt dieser berühmte Satz?

a) Platon
b) Sokrates
c) Diogenes
d) Aristoteles

5. Was ist der Titel des geistlichen Oberhaupts des tibetischen Buddhismus?

a) Konfuzius
b) Ashoka
c) Gautama
d) Dalai-Lama

6. Welcher Philosoph zählt zu den Existenzialisten?

a) Gottfried Wilhelm Leibniz
b) Jean-Jacques Rousseau
c) Jean-Paul Sartre
d) Francis Bacon

7. Wie heißen im Judentum die geistlichen Gelehrten und religiösen Funktionsträger?

a) Rabbiner
b) Pharisäer
c) Makkabäer
d) Korinther

8. *In welcher Religion werden u. a. die Gottheiten Brama, Shiva und Vishnu verehrt?*
a) Im Voodoo-Kult
b) Im Buddhismus
c) Im Hinduismus
d) Im Konfuzianismus

9. *Wie nennt man das Zulassen verschiedener Ideen und Ansichten nebeneinander?*
a) Divergenz
b) Multiidealismus
c) Omnitoleranz
d) Pluralismus

10. *Welche religiös-philosophische Lehre spielt in China eine bedeutende Rolle?*
a) Shintoismus
b) Jainismus
c) Cargo-Cult
d) Taoismus

11. *Was war das »Morgenländische Schisma«?*
a) Die Bezeichnung für die Kreuzzüge
b) Die Trennung zwischen römischer und byzantinischer Kirche 1054
c) Die Abspaltung der anglikanischen von der katholischen Kirche
d) Der Friedensschluss nach den Reformationskriegen

12. *Welche philosophische Lehre betrachtet sowohl das Sein als auch die Welt als sinnlos?*
a) Nihilismus
b) Waldorf-Gedanke
c) Romantik
d) Humanismus

13. *Wie heißt der islamische Fastenmonat?*
a) Hadsch
b) Sure
c) Ramadan
d) Scharia

14. *Wie heißt die von Rudolf Steiner gegründete Philosophie, auf die sich die Waldorf-Pädagogik beruft?*
a) Philologie
b) Anthroposophie
c) Anthropologie
d) Naturalismus

15. *Wie heißt im Judentum und Christentum die Schöpfungsge-schichte?*
a) Genesis
b) Exodus
c) Apokalypse
d) Buch Hiob

Physik, Chemie

1. *Welches der folgenden Metalle ist kein Element?*
a) Platin
b) Quecksilber
c) Aluminium
d) Bronze

2. *Welche Aussage über den Schall ist nicht korrekt?*
a) Die normale Schallgeschwindigkeit beträgt ca. 330 m/s.
b) Schall breitet sich im Vakuum schneller aus.
c) Licht ist schneller als Schall.
d) Nicht jeder Schall ist für den Menschen hörbar.

3. *Was ist das spezifische Gewicht eines Stoffes?*

a) Gewicht des Stoffes pro Raummaß (g/cm³, kg/dm³, t/m³)
b) Gewicht des Stoffes über Wasser minus dem Gewicht unter Wasser
c) Gewicht des Stoffes bezogen auf 1 cm³ Platin
d) Gewicht des Stoffes gemessen im freien Fall

4. *Der absolute Nullpunkt liegt bei*

a) 0° C (Celsius)
b) 0° F (Fahrenheit)
c) −273,15° C
d) −100° C

5. *Welcher Stoff bildet die Basis der organischen Chemie?*

a) Kohlenstoff
b) Hämoglobin
c) Sauerstoff
d) Wasser

6. *Wie lautet in der Physik die Definition für »Leistung«?*

a) Gewicht x Geschwindigkeit
b) Arbeit : Zeit
c) Zeit x Energie
d) Beschleunigung : Kraft

7. *Wie hoch ist die Lichtgeschwindigkeit (im Vakuum)?*

a) ca. 300 000 km/h
b) ca. 1 000 km/s
c) ca. 37 000 km/h
d) ca. 300 000 km/s

8. *Was versteht man unter Oxidation?*
a) Die Kräfte, die bewegte Flüssigkeiten auf Metalle ausüben
b) Die physikalische Verwitterung von Gesteinen
c) Die Reaktion von Sauerstoff mit anderen Elementen oder Verbindungen
d) Die Verbindung eines Metalls mit Wasserstoff

9. *Was passiert, wenn man Diamanten verbrennen will?*
a) Nichts, sie sind hundertprozentig feuerfest
b) Sie teilen sich in Kieselsäure und Wasserstoff
c) Sie schmelzen, verbrennen jedoch nicht
d) Sie verbrennen zu Kohlendioxid

10. *Was ist ein »Faraday-Käfig«?*
a) Die metallene Umhüllung eines begrenzten Raumes zur Abschirmung gegen äußere elektrische Felder
b) Die »Hülle« eines Atoms
c) Die Frequenzbereiche, in denen Licht sichtbar ist
d) Ein völlig abgeschlossenes chemisches Versuchsfeld

11. *Wie lautet die Fachbezeichnung für »nach innen gewölbt«?*
a) konzentrisch
b) konkav
c) konvex
d) invex

12. *Was ist ein Ion?*
a) Das theoretisch kleinste Bestandteil aller Materie
b) Ein Atom, das entweder positiv geladen (Kation) oder negativ geladen (Anion) ist
c) Die Maßeinheit für elektromagnetische Feldspannung
d) Ein Lichtquantum

13. Was versteht man in der Physik unter Kondensation?
a) Das Gefrieren von Ölen
b) Das Eindicken einer dünnflüssigen Flüssigkeit
c) Die Senkung oder Erhöhung von elektrischer Spannung
d) Den Übergang von Gasen oder Dämpfen in den festen oder flüssigen Aggregatzustand

14. Bei welcher Temperatur hat Wasser seine größte Dichte?
a) bei 100° C
b) bei 0° C
c) bei 4° C
d) bei 37,2° C

15. Was ist eine Emulsion?
a) Die kolloide Verteilung von zwei nicht mischbaren Flüssigkeiten
b) Eine Substanz, die Schweröle in Alkohol und Wasser trennt
c) Der Fachbegriff für Dampf
d) Das Gegenteil einer Explosion (plötzliches Zusammenfallen von Materie)

Biologie, Medizin

1. Wie viel Chromosomen hat die menschliche Zelle?
a) 24
b) 106
c) 64
d) 46

2. Wie wird Malaria übertragen?
a) Durch die Anopheles-Mücke
b) Durch verunreinigte Lebensmittel
c) Durch die Tsetse-Fliege
d) Durch bestimmte Schimmelpilze

3. *Was versteht man unter Ökologie?*
a) Den Gesamtverlauf der Existenz eines Lebewesens (u. a. Geburt, Nahrungsaufnahme, Vermehrung, Tod)
b) Die Wissenschaft von den Wechselbeziehungen der Lebewesen zu anderen Lebewesen oder ihrer Umwelt
c) Ein System zur umweltfreundlichen Müllreduzierung
d) Die Produktionsweise von Lebensmitteln ohne Verwendung von Konservierungsstoffen

4. *Wie viel Liter Blut hat ein erwachsener Mensch?*
a)   7 l
b) 10 l
c) 5–6 l
d)   4 l

5. *Was ist Leukämie?*
a) Schüttellähmung
b) Unterdrückung der Schmerzempfindung (Betäubung)
c) Gelbsucht
d) Blutkrebs

6. *Wo befindet sich das Laichgebiet der europäischen Flussaale?*
a) Im Nordpolarmeer
b) In der Sargassosee
c) Im Schwarzen Meer
d) In der Ostsee

7. *Wer entdeckte das Penicillin?*
a) Rudolf Virchow
b) Ferdinand Sauerbruch
c) Beate Effertz
d) Sir Alexander Fleming

8. Welche Tiere haben Facettenaugen?

a) Würmer

b) Schnecken

c) Insekten

d) Maulwürfe

9. Was sind Viren?

a) Von einer Proteinhülle umgebenes genetisches Material ohne eigenen Stoffwechsel (zählen nicht unbedingt zu den Lebewesen)

b) Einzellige Organismen, die im Wasser leben

c) Pilzsporen, die für den Menschen gesundheitsgefährdend sein können

d) Stoffe, die bei der Fäulnis entstehen und stark krankheitserregend sind

10. Wie viele Zähne hat im Normalfall das Gebiss eines erwachsenen Menschen?

a) 18

b) 32

c) 26

d) 36

11. Welches der folgenden Tiere hat sein natürliches Verbreitungsgebiet nicht in Afrika?

a) Elefant

b) Gnu

c) Leopard

d) Jaguar

12. Was versteht man unter Antibiotika?

a) Stoffwechselprodukte, die Mikroorganismen in der Entwicklung hemmen oder zerstören können und daher wichtige Heilmittel sind

b) Impfstoffe gegen Grippe

c) Arzneimittel zur Behandlung von Herzrhythmusstörungen, Glaukom und Bluthochdruck

d) Arzneimittel mit stimulierender Wirkung zur Behandlung von Depressionen

13. Wo wird das Hormon Insulin produziert, das der Regulierung des Blutzuckergehalts dient?

a) In der Leber

b) In der Hirnanhangsdrüse

c) In der Bauchspeicheldrüse

d) In der Schilddrüse

14. Wie bezeichnet man eine sprunghaft auftretende Veränderung im Erbgefüge?

a) Selektion

b) Mutation

c) Variation

d) Modifikation

15. Was ist kein Bestandteil des Innenohrs?

a) Amboss

b) Hammer

c) Schnecke

d) Speiche

Technik, Mathematik

1. *Was ist eine Primzahl?*
a) Eine natürliche positive Zahl, die nur durch sich selbst und durch 1 teilbar ist
b) Jede Zahl, die durch 2 und 5 teilbar ist
c) Jede Zahl, die kleiner als 0 ist
d) Eine Zahl, die sich ergibt, wenn man 100 durch sie teilt

2. *Wer war der erste Mensch im All?*
a) Alan Shepard
b) Neil Armstrong
c) Jules Verne
d) Juri Gagarin

3. *Was ist die Summe der Winkel eines Dreiecks?*
a) 360°
b) 180°
c) 90°
d) 100°

4. *Wer war der Erfinder des ersten Gleitfluggeräts?*
a) Étienne & Michel de Montgolfier
b) Charles Lindbergh
c) Otto Lilienthal
d) Ferdinand Graf von Zeppelin

5. *Wie lautet die Formel zur Berechnung der Fläche (A) eines Kreises?*
a) $A = 4\pi r$
b) $A = r^2\pi^2$
c) $A = 2\pi r$
d) $A = \pi r^2$

6. *Was ist ein Generator?*
a) Ein Apparat zur Umwandlung von mechanischer in elektrische Energie
b) Eine Vorrichtung, mit der elektrische Energie gespeichert werden kann
c) Ein Apparat zur Umwandlung von Licht in elektrischen Strom
d) Ein Apparat zum Messen elektrischer Felder

7. *Wer konstruierte 1941 mit der »Z3« den ersten programmgesteuerten Rechner?*
a) Carl Zeiss
b) Johannes Znünz
c) Zoe Apple
d) Konrad Zuse

8. *Mit welcher Einheit wird der elektrische Widerstand angegeben?*
a) Ampere (A)
b) Ohm (W)
c) Volt (V)
d) Joule (J)

9. *Welches Instrument dient zum Anzeigen von radioaktiver Strahlung?*
a) Geigerzähler
b) Golgi-Apparat
c) Photometer
d) Nukleulus

10. *Wer stellte 1905 die spezielle Relativitätstheorie auf?*
a) Werner Heisenberg
b) Albert Einstein
c) Otto Hahn
d) Erwin Schrödinger

11. Was ist ein Transformator (Trafo)?

a) Ein Apparat, der analoge in digitale Impulse umwandelt

b) Ein Empfängerteil in Radio oder Fernseher

c) Ein Apparat, mit dem Batterien aufgeladen werden können

d) Ein Apparat, der hohe elektrische Wechselspannung in niedrigere umwandelt oder umgekehrt

12. Wie hieß der Konstrukteur des ersten Düsenflugzeugs?

a) Willy Messerschmitt

b) Wernher von Braun

c) Ernst Heinkel

d) Pit Marquart

13. Welches Instrument dient zum Messen des Luftdrucks?

a) Barometer

b) Nanometer

c) Thermometer

d) Semaphor

14. Wie lautet der Satz des Pythagoras?

a) Ohne die Zahl π ist keine Kreisberechnung möglich

b) Im rechtwinkligen Dreieck ist die Summe der Quadrate über den Katheten gleich dem Quadrat über der Hypotenuse ($a^2 + b^2 = c^2$)

c) Der Winkel im Halbkreis ist 90°

d) Keine Zahl kann durch 0 geteilt werden

15. Aus wie vielen Bits besteht ein Byte?

a) 12

b) 16

c) 8

d) 4

Erde und Weltall

1. *Wie heißt der größte Planet unseres Sonnensystems?*
a) Uranus
b) Saturn
c) Sonne
d) Jupiter

2. *Durch welches Gebirge wird Europa von Asien getrennt?*
a) Ural
b) Pamir
c) Kaukasus
d) Apennin

3. *Wie viel Zeit braucht das Licht von der Sonne zur Erde?*
a) ca. 3 Sekunden
b) ca. 5½ Stunden
c) ca. 8 Minuten, 13 Sekunden
d) ca. 24 Stunden

4. *Wie heißt die Hauptstadt Australiens?*
a) Melbourne
b) Canberra
c) Sydney
d) Perth

5. *Auf welchem Kontinent leben die meisten Menschen?*
a) Asien
b) Amerika
c) Europa
d) Afrika

6. *Welcher Staat grenzt nicht an Deutschland?*
a) Luxemburg
b) Belgien
c) Tschechien
d) Slowakei

7. *Worauf beruht die Sonnenenergie?*
a) Auf Atomspaltung
b) Auf dem Verbrennen von Neon
c) Auf der Fusion von Wasserstoffatom- zu Heliumatomkernen (Kernfusion)
d) Auf dem Verbrennen von Plutonium

8. *Welche Stadt-Gewässer-Zuordnung stimmt nicht?*
a) Lausanne/Genfer See
b) Bremen/Elbe
c) Budapest/Donau
d) Paris/Seine

9. *Wie heißt das Kap an der Südspitze Afrikas?*
a) Kap der guten Hoffnung
b) Kap Afrika
c) Kap Horn
d) Key West

10. *Wie heißt die Hauptstadt der USA?*
a) New York
b) Boston
c) Washington D.C.
d) Los Angeles

11. *Welcher ist der längste Fluss Europas?*
a) Donau
b) Elbe
c) Loire
d) Wolga

12. *Wie vielen Kilometern entspricht 1 Lichtjahr?*
a) 149,6 Mio. km (= Entfernung Erde-Sonne)
b) 9,46 Billionen km
c) 9,98 Milliarden km
d) ca. 1 Milliarde km

13. *Durch welche Meerenge wird Istanbul in einen europäischen und einen asiatischen Teil getrennt?*
a) Durch den Bosporus
b) Durch die Straße von Otrano
c) Durch die Dardanellen
d) Durch den Suezgolf

14. *Was ist der wissenschaftliche Name für ein Tiefdruckgebiet?*
a) Zyklotron
b) Zykloide
c) Zygote
d) Zyklone

15. *In welches Meer mündet die Donau?*
a) In den Atlantik
b) In die Ostsee
c) Ins Schwarze Meer
d) Ins Mittelmeer

Darstellende Kunst, Literatur

1. *Welches der folgenden Werke stammt nicht von Johann Wolfgang von Goethe?*
a) Dantons Tod
b) Faust
c) Egmont
d) Die Leiden des jungen Werther

2. *Welche Baustilepoche ging der Gotik unmittelbar voraus?*
a) Renaissance
b) Barock
c) Romanik
d) Klassizismus

3. *Von wem stammt die 1503 geschaffene »Mona Lisa«?*
a) Michelangelo
b) Leonardo da Vinci
c) Caravaggio
d) Raffael

4. *Wie nennt man in der Kunst die Wandmalereien?*
a) Ikonen
b) Grafiken
c) Pittoresken
d) Fresken

5. *Wer schrieb die »Odyssee«?*
a) Sokrates
b) Cicero
c) Ovid
d) Homer

6. *Wer war der bedeutendste Landschaftsmaler der deutschen Romantik?*
a) Caspar David Friedrich
b) Hans Holbein
c) Max Liebermann
d) Paul Klee

7. *Was stammt nicht von Friedrich von Schiller?*
a) Don Carlos
b) Wallenstein
c) Iphigenie auf Tauris
d) Maria Stuart

8. *Welches Bauwerk zählt nicht zu den Sieben Weltwundern?*
a) Koloss zu Rhodos
b) Akropolis
c) Leuchtturm bei Alexandria
d) Die hängenden Gärten der Semiramis

9. *Was war das Bauhaus?*
a) Die erste Fabrik für vorgefertigte Gebäudeelemente
b) Der Verband deutscher Architekten der Gründerzeit (um1875)
c) Die Steinmetzschule an gotischen Bauwerken
d) Die Hochschule für Baukunst und Gestaltung (Weimar/Dessau)

10. *Wer schrieb die Tragödie »Romeo und Julia«?*
a) William Shakespeare
b) Walther von der Vogelweide
c) Jean Baptist Molière
d) Oliver Cromwell

11. *Welcher Künstler ist nicht der deutschen Renaissance zuzuord-nen?*
a) Albrecht Dürer
b) Peter Paul Rubens
c) Lucas Cranach der Ältere
d) Hans Baldung

12. *In welchem Stil wurde der Kölner Dom erbaut?*
a) Im barocken Stil
b) Im romanischen Stil
c) Im gotischen Stil
d) Im klassizistischen Stil

13. *Welcher Künstler wurde hauptsächlich dadurch bekannt, dass er für seine Bilder Motive aus der Südsee benutzte?*
a) Vincent van Gogh
b) Paul Gauguin
c) Pablo Picasso
d) Emil Nolde

14. *Wer war der Autor des naturalistischen Sozialdramas »Die Weber«?*
a) Georg Büchner
b) Gerhart Hauptmann
c) Bertold Brecht
d) Gotthold Ephraim Lessing

15. *In welcher Stilepoche erlebte die Glasmalerei ihren Höhepunkt?*
a) Gotik
b) Postmoderne
c) Rokoko
d) Renaissance

Musik, Sport und Unterhaltung

1. *Von wem stammt die Oper »Aida«?*
a) Giacomo Puccini
b) Wolfgang Amadeus Mozart
c) Gioacchino Rossini
d) Giuseppe Verdi

2. *An welchem Ort wird kein Grand-Slam-Turnier im Tennis ausgetragen?*
a) Madrid
b) Melbourne
c) Paris
d) New York

3. *Wer war der Regisseur von »Schindlers Liste«?*
a) Ridley Scott
b) Werner Herzog
c) Steven Spielberg
d) Volker Schlöndorff

4. *Wer komponierte die Musik zur Dreigroschenoper?*
a) Bertold Brecht
b) Karlheinz Stockhausen
c) Friedrich Hollaender
d) Kurt Weill

5. *Wie nennt man die Rollschuhe, an denen die (meist 4) Rollen hintereinander angeordnet sind?*
a) Skateboards
b) Inline-Skates
c) Kickboards
d) BMX-Wheels

6. *Wer war 1953 der Erstbesteiger des Chomolungma (Mount Everest)?*
a) Reinhold Messner
b) Sven Hedin
c) Wilhelm Filchner
d) Sir Edmund Hillary & Sherpa Tensing Norgay

7. *Wer komponierte das Musical »West Side Story«?*
a) Leonard Bernstein
b) Cole Porter
c) Andrew Lloyd Webber
d) George Gershwin

8. *Wer spielte neben Ingrid Bergmann die Hauptrolle in dem Kultfilm »Casablanca«?*
a) Gary Cooper
b) Cary Grant
c) Humphrey Bogart
d) Henry Fonda

9. *Welcher Komponist gilt als der wohl bedeutendste protestantische Kirchenmusiker des 18. Jahrhunderts?*
a) Johann Sebastian Bach
b) Ludwig van Beethoven
c) Franz Liszt
d) Carl Orff

10. *Unter welchem Namen wurde der Fußballspieler Edson Arantes do Nascimento weltberühmt?*
a) Eusebio
b) Maradona
c) Ronaldo
d) Pelé

11. *Wann und wo fanden die ersten olympischen Spiele der Neuzeit statt?*
a)   1900 in Paris
b)   1908 in London
c)   1896 in Athen
d)   1888 in Olympia

12. *Welcher geniale Regisseur drehte u. a. die Filme »Der Pate« und »Apocalypse Now«?*
a)   Francis Ford Coppola
b)   Martin Scorsese
c)   Sergio Leone
d)   Umberto Eco

13. *Welcher deutsche Komponist des 19. Jahrhunderts verarbeitete in seinen Musikdramen hauptsächlich Themen aus dem Mittelalter und nordischen Sagen?*
a)   Johann Strauß
b)   Richard Wagner
c)   Jacques Offenbach
d)   Johannes Brahms

14. *Wie lautet der Name des erfolgreichsten Boxers des 20. Jahrhunderts, der 1974 mit seinem spektakulären Kampf in Kinshasa ein sensationelles Comeback als Weltmeister feierte?*
a)   George Foreman
b)   Mike Tyson
c)   Sugar Ray Robinson
d)   Muhammad Ali

15. *Welche Sängerin ist nicht der Popmusik zuzuordnen?*
a)   Madonna
b)   Maria Callas

c) Mariah Carey
d) Tina Turner

Bedeutende Persönlichkeiten

Wer war/ist?

1. Galileo Galilei...
a) Italienischer Naturforscher, Astronom und Physiker
b) Griechischer Philosoph (Phänomenologie des Geistes)
c) Portugiesischer Seefahrer, Entdecker Madagaskars
d) Spanischer Eroberer des Aztekenreichs

2. Rosa Luxemburg...
a) Österreichische Operettensängerin (Anfang 20. Jh.)
b) Schweizerische Frauenrechtlerin
c) Deutsch-polnische Politikerin, Mitbegründerin des Spartakusbundes
d) Deutsche Widerstandskämpferin während der NS-Diktatur

3. Sigmund Freud...
a) Südafrikanischer Chirurg, erste Herztransplantation 1967
b) Österreichischer Nervenarzt, Begründer der Psychoanalyse
c) Niederländischer Parapsychologe und Hellseher
d) Deutscher Philosoph (»Übereck-Denken«)

4. Käthe Kollwitz...
a) Österreichische Schriftstellerin in der Romantik
b) Deutsche Grafikerin und Bildhauerin mit sozialen Themen
c) Leiterin der Widerstandsgruppe »Weiße Rose«
d) Begründerin der Sozialpädagogik um 1924

5. *Mahatma Gandhi...*
a) Indonesischer Unabhängigkeitskämpfer
b) Vorkämpfer für die Bürgerrechte der Schwarzen in den USA
c) Indischer Ministerpräsident 1947–54
d) Anführer der indischen Unabhängigkeitsbewegung mit Methoden des gewaltlosen Widerstands

6. *Willy Brandt...*
a) Autor des Kommunistischen Manifests
b) Gründer der Sozialdemokratie in Deutschland
c) Vorsitzender der SPD 1964–87, deutscher Bundeskanzler 1969–71, Friedensnobelpreisträger 1971
d) Deutscher Bundespräsident 1969–73

7. *James Watt...*
a) Britischer Erfinder der Dampfmaschine
b) Amerikanischer Erfinder des Telefons
c) Dänischer Naturforscher der Nordsee (»Wattenmeer«)
d) Irischer Forscher, Entdecker der Stromleitgesetze

8. *Vasco da Gama...*
a) Italienischer Forscher und Abenteurer im 16. Jahrhundert
b) Spanischer Konquistador (Suche nach Eldorado)
c) Byzantinischer Admiral, Eroberer Zyperns
d) Portugiesischer Seefahrer, Entdecker des östl. Seewegs nach Indien

9. *Marie Curie...*
a) Deutsche Choreographin, Begründerin des »New Dance«
b) Frz.-poln. Chemikerin, u.a. Entdeckerin des Radiums, Nobelpreisträgerin für Chemie und Physik
c) Innovative französische Modeschöpferin
d) Schweizerische Physikerin und Entdeckerin des Elektrons

10. *Alexander der Große...*

a) Papst im 16. Jh., Missbrauch der Macht zur Versorgung seiner Kinder

b) Makedonischer König und Feldherr, Eroberer Persiens bis zum Indus

c) Letzter russischer Zar, 1918 hingerichtet

d) Frankenkönig und römisch-deutscher Kaiser

11. *Alfred Nobel...*

a) Schwedischer Chemiker, Erfinder des Dynamits, Errichter der Nobelpreisstiftung

b) Schwedischer König 1912–49

c) Offizieller Designer und Architekt am österreichischen Hof im 19. Jh. (»Nobelkarosse«)

d) Gründer von Rolls Royce

12. *Edith Piaf...*

a) Russ.-franz. Tänzerin, Geliebte von Vaclav Nijinski

b) Französische Philosophin, verheiratet mit Jean-Paul Sartre

c) Populäre französische Chansonsängerin (»Je ne regrette rien«)

d) Luxemburgische Wirtschaftswissenschaftlerin und Bankerin (u. a. Bankgeheimnis, Nummernkonto)

13. *Charles Darwin...*

a) Kanadischer Naturwissenschaftler (Begründer der Anthropobiologie)

b) Amerikanischer Astronom, Entdecker des Planeten Pluto

c) Amerikanischer Soziologe

d) Britischer Naturforscher (Evolutions- und Selektionstheorie)

14. Jeanne d'Arc...

a) Schutzpatronin der Reisenden

b) Franz. Nationalheldin (»Jungfrau von Orléans«), Heerführerin im hundertjährigen Krieg gegen England, 1430 verbrannt

c) Gemahlin von Napoléon Bonaparte

d) Legendäre Königin der Normandie

15. Roald Amundsen...

a) Norwegischer Polarforscher, erster Mensch am Südpol

b) Dänischer Entdecker der Wikingersiedlung Haithabu

c) Schwedischer Pilot (Erstflug über den Nordpol)

d) Isländischer Forscher (Erkundung des Mythos von Schobüll)

Rechtschreibung und Fremdwörter

Die neue Rechtschreibung

Das Beherrschen der Orthografie zählt zu den *Essentials* unseres Bildungssystems. Dementsprechend können die Rechtschreibkenntnisse auch bei Bewerbungen und Einstellungstests geprüft werden. Seit der Einführung der Rechtschreibreform im August 1998 ist jedoch speziell auf diesem Gebiet eine gewisse Verunsicherung aufgekommen. Daher hier in Kürze die wichtigsten Änderungen:

1. *Das scharfe (stimmlose) »s«:*
- Wird der Vokal vor dem »s« lang gesprochen, schreibt man ß.
  Beispiele: Straße, Fuß, bloß, Maß, Spaß, Muße
- Wird der Vokal vor dem »s« kurz gesprochen, schreibt man ss.
  Beispiele: Fluss, bewusst, Spross, dass (als Konjunktion), Russland, missachten
  Aber: Nach einem Doppelvokal (ei, eu, au, äu) schreibt man ß.
  Beispiele: weiß, heiß, außen, äußerst
- Die Endsilbe »-nis« schreibt man mit einfachem s, ebenso wie einige Fremdwörter.
  Beispiele: Zeugnis, Geheimnis, Bus, Atlas

2. *Treffen generell zwei Buchstaben am Ende einer Silbe auf einen Buchstaben am Silbenanfang, werden alle drei Buchstaben geschrieben:*
  Beispiele: Betttuch, Schifffahrt, Missstand, Kaffeeersatz

3. *Mehrsilbige Wörter können auch mit Bindestrich geschrieben werden, wenn sie dadurch besser lesbar sind:*
  Beispiele: Nuss-Schale, Null-Lösung, Schwimm-Meister, Bett-Tuch

4. *Silben werden nach Sprechweise getrennt:*
  Beispiele: Kas-ten, Zu-cker, po-e-tisch, E-sel

5. *Bezeichnungen von Tageszeiten (Morgen, Vormittag, Mittag, Nachmittag, Abend, Nacht usw.) werden nach den Adverbien »heute«, »gestern«, »vorgestern«, »morgen«, »übermorgen« großgeschrieben (gilt nicht für »früh« oder »spät«):*
   Beispiele: gestern Morgen, heute Abend

6. *Großgeschrieben werden Adjektive und Partizipien, die wie Substantive gebraucht werden:*
   Beispiele:
   • ich habe Folgendes/das Folgende geplant; und Ähnliches (u. Ä.)
   • auf dem Trockenen sitzen; zum Besten geben
   • aufs Schönste übereinstimmen
   • Paarformeln: Gleich und Gleich, Alt und Jung, Arm und Reich, im Guten wie im Bösen

7. *Besteht ein Wort aus Buchstaben und Ziffern, setzt man einen Bindestrich dazwischen:*
   Beispiele: 4-mal, 3-silbig, 5-Achser
   Ausnahmen: Ableitungen wie: 8fach, 12tel, 90er
   Aber Zusammensetzungen: die 90er-Jahre, das 1000stel-Gramm

8. *Getrennt- und Zusammenschreibung:*
   Dieses Kapitel ist sicher das komplizierteste und umstrittenste der Rechtschreibreform. Es kann nicht ausgeschlossen werden, dass hier in den nächsten Jahren noch Korrekturen erfolgen.
   Grundsätzlich werden nun getrennt geschrieben:
   a) Verbindungen eines Verbs als zweitem Bestandteil:
   • mit »dahinter«, »darunter«, »darüber«, »davor«, »darin«
     Beispiele: dahinter stehen, davor liegen
   • mit dem Verb »sein«
     Beispiele: da sein, da gewesen, hinüber sein
   • mit Adjektiven, die auf »-ig«, »-isch«, »-lich« enden
     Beispiele: heimlich tun, heilig sprechen, müßig gehen

- mit einem zusammengesetzten Adverb
  Beispiele: vorlieb nehmen, überhand nehmen
- mit einem Partizip
  Beispiele: gefangen nehmen, verloren gehen
- mit einem Substantiv, das als solches gebraucht wird
  Beispiele: Auto fahren, Rad fahren, Eis laufen
  (aber: schlafwandeln, teilnehmen u.a.)
- mit einem Adjektiv, das gesteigert werden kann
  Beispiel: leicht fallen (wegen: leichter fallen)

b) Verbindungen mit einem Adjektiv oder Partizip als zweitem Bestandteil:
- wenn kein Artikel eingespart werden kann
  Beispiele: eine Aufsehen erregende Enthüllung, eine Furcht einflößende Bestie, die Eisen verarbeitende Industrie
- wenn eine getrennt geschriebene Wortgruppe zu Grunde liegt
  Beispiele: wild lebende Tiere (von wild leben), verloren gegangene Dinge (von verloren gehen)
- wenn adjektivisches Partizip und Adjektiv verbunden werden
  Beispiele: kochend heiß, blendend weiß
- wenn der erste Bestandteil eine Ableitung auf »-ig«, »-isch« oder »-lich« ist
  Beispiele: bläulich grün, riesig groß
- wenn der erste Bestandteil gesteigert werden kann
  Beispiel: schwer verständlich

9. *Laut-Buchstaben-Zuordnungen:*

Ass	wegen Aussprache
Bändel	zu Band
behände	zu Hand
belämmert	zu Lamm
einbläuen	zu blau
Gämse	zu Gams

gräulich	zu Grauen und grau
Känguru	analog zu Kakadu, Gnu
Karamell	zu Karamelle
nummerieren	zu Nummer
Quäntchen	zu Quantum
rau	analog zu schlau
schnäuzen	zu Schnauze
Stängel	zu Stange
stopp	zu stoppen
Tipp	zu tippen
Tollpatsch	zu toll
überschwänglich	zu Überschwang
Zähheit	zu zäh

10. *Fremdwörter:*

a) Begriffe aus dem Englischen, die aus zwei oder mehr Wörtern zusammengesetzt sind, schreibt man (*favorisierte Schreibweise): Fairplay* / Fair Play, Playback / Play-back*, Layout / Layout*, Fulltimejob / Full-Time-Job, Fallout / Fall-out*, Comeback / Come-back*, Blackout / Black-out*

   Ausnahmen: Aftershave (immer zusammen), E-Mail (immer mit Bindestrich)

b) Sonstige Fremdwörter:
   - Das »ph« kann auch als »f« geschrieben werden.
     Beispiele: Delphin / Delfin, Diktaphon / Diktafon, Geographie / Geografie*
     Aber: Telefon (nur mit »f«)
   - Die Silbe »-tial« kann auch »-zial« geschrieben werden.
     Beispiele: Potential / Potenzial*, Differential / Differenzial*
   - Anstatt »-tiell« kann auch »-ziell« geschrieben werden.
     Beispiel: existentiell / existenziell*
   - Das aus dem Französischen stammende é am Wortende kann als »ee« geschrieben werden.

Beispiele: Dekolleté / Dekolletee, Exposé / Exposee
* Sonstige:
  Thunfisch / Tunfisch, Bouclé / Buklee, Bonbonniere / Bonboniere

Für die folgenden Rechtschreibtests gilt die neue Rechtschreibung.

Rechtschreib-Korrekturen

Bei der nächsten Aufgabe haben Sie alle Rechtschreibfehler zu markieren. Dafür haben Sie 8 Minuten Zeit.

1. Es ist gewiss aufsehenerregend, daß das Fussballländerspiel morgen abend zum erstenmal in Nepal übertragen wird.
2. Das 9jährige Mädchen aus Rußland ist bereits eine gute Ballettänzerin.
3. Wir standen dichtgedrängt und hofften, dass man uns den Einlaß nicht verweigerte.
4. Dessenungeachtet sollte man für den Eisschnellauf nicht einen engbedruckten Dress wählen.
5. Obwohl jetzt getrenntlebend, wirken sie nicht im geringsten gestresst und sind stets gutgelaunt.
6. Es ist mir ein Greuel, dass ich am hellichten Tag hiersein muss, dennoch bin ich im nachhinein schon allein wegen des ernstgemeinten Tipp äusserst dankbar.
7. Die Hosteß sagte mir schon heute morgen, das sich der Kongreß über den Kompromiss noch nicht im klaren sei.
8. Eine Zeitlang war in der kunststoffverarbeitenden Industrie jeder Zweite krankgeschrieben, sodass eine Notmassnahme veranlaßt werden musste.
9. Strenggenommen scheint bloß ein T-bone-Steak für einen Wettturner viel zuwenig.
10. Es schoss mir siedendheiß in den Kopf: Ich hatte das Türschloß gestern nacht offenstehen lassen.

11. Die Liste, die sie dem vergesslichen Saxofonspieler gab, umfaßt zwar alles Wichtige, ist aber dessenungeachtet viel zuwenig.

12. Wir wüssten schon gerne im voraus, ob die Raufasertapete grünlichgelb gestrichen werden soll.

13. Ich sah mich des Weiteren außer Stande dahinterzukommen, was am darauf folgenden Abend in der Kongresstadt passieren sollte.

14. Potenziell könnte die Durchnumerierung der Rolläden exakt das richtige sein, sodass hier streng genommen das anbringen von Sperriegeln soweit wie möglich entfallen kann.

15. Der Poppulist mit seinem Zweiten Gesicht tut, als ob er wunder was geschaffen hätte und propagiert überschwenglich, dass er die Wahl schon im voraus gewonnen habe; doch da fischt er im trüben.

Druckfehler

Die folgenden 50 Wörter enthalten je einen oder mehrere Fehler. Schreiben Sie die Wörter in der korrekten Schreibweise auf ein gesondertes Blatt Papier. Das Zeitlimit hierfür beträgt 10 Minuten.

1. pennibel
2. Rythmus
3. Wiederstandt
4. Bibliotekh
5. Vorwandt
6. Hyphotek
7. psychadelisch
8. Kathastrophe
9. symphatisch
10. Verwandschaft
11. Kordinatensytem
12. häußlich
13. Korrallenriff
14. unversehends
15. apropo
16. symbohlisch
17. Kollektif
18. Gynnekologie
19. Märtürer
20. Klikke
21. representativ
22. Chemiekalie
23. Thyrannei
24. Parrtere

25. scandalös 26. Tronfolger *Thronfolger*
27. Fussballstation 28. Spassvogel *Spaßvogel*
29. gallopieren 30. Ackord *Akkord*
31. widerkeuen 32. Tymian *Thymian*
33. Kuveer 34. Pyrenneen *Pyrenäen*
35. Strassenbahn 36. Rabarber *Rhabarber*
37. nähmlich 38. Rododendron
39. Mayonäse 40. Himmalaja
41. Weissbrot 42. Accent *Akzent*
43. wiederstreben 44. Symphatie *Sympathie*
45. ausserordentlich 46. Gehöfft
47. Rethorik *Rhetorik* 48. Grüsse *Grüße*
49. Scatebord *Skateboard* 50. Recikling *Recycling*

Fremdwörter-Kenntnisse

Die Kenntnis von Fremdwörtern ist nicht nur in der anspruchsvolleren Konversation von großem Vorteil. So kommt es immer wieder zu Peinlichkeiten, wenn Fremdwörter falsch eingesetzt oder falsch interpretiert werden. Daher ist das Beherrschen von Fremdwörtern vor allem bei Vorstellungsgesprächen außerordentlich wichtig. Sollte Ihnen jedoch ein Fremdwort nicht geläufig sein, ist es mit Sicherheit besser, nachzufragen, als durch falsche Deutung ein Missverständnis zu riskieren.

Bei der folgenden Aufgabe haben Sie die jeweils richtige Bedeutung des Fremdwortes zu markieren. Dafür besteht ein Zeitlimit von 6 Minuten.

1. diametral:
a) zuckerkrank   b) teuflisch   c) völlig entgegengesetzt

2. imaginär:
a) vorstellbar   b) das Ansehen fördernd   c) in der Vorstellung vorhanden

3. rigide:
a) schnell b) streng   c) lächerlich

4. konterkarieren:
a) hintertreiben   b) entgegnen   c) gegen den Wind segeln

5. Altruismus:
a) Möglichkeit   b) Uneigennützigkeit   c) übertriebener Stolz

6. Suggestion:
a) Leid   b) Befragung   c) Beeinflussung

7. prekär:
a) vorzeitig   b) misslich, schwierig   c) vorhersehbar, durchsichtig

8. dezidiert:
a) entschlossen   b) vermindert   c) durch zehn teilbar

9. relevant:
a) wichtig   b) rückwärts gerichtet   c) angepasst

10. synonym:
a) gleichförmig   b) harmonisch   c) bedeutungsgleich, sinnverwandt

11. Lethargie:
a) tödliche Krankheit   b) Trägheit   c) Unwissenheit

12. opportun:
a) prinzipienlos   b) entgegengesetzt   c) angebracht, passend

13. Effizienz:
a) Wirksamkeit   b) Zahlungsunfähigkeit   c) kirchlicher Würdenträger

14. kolportieren:
a) zusammenarbeiten   b) Gerüchte verbreiten   c) zeugen

15. *prätentiös:*
a) genau   b) verlässlich   c) anspruchsvoll, überheblich

16. *Eloquenz:*
a) Entrüstung   b) Redegewandtheit   c) Aufmerksamkeit

17. *kompatibel:*
a) vereinbar   b) zusammengefallen   c) gepresst

18. *resümieren:*
a) entscheiden   b) ergeben   c) zusammenfassen

19. *Effektivität:*
a) Wirksamkeit   b) Ausstattung   c) Entwicklung

20. *kontinuierlich:*
a) überzeugend   b) fortdauernd   c) anwendbar

21. *rekapitulieren:*
a) wiederholen, zusammenfassen   b) aufgeben   c) versagen

22. *Resolution:*
a) gewaltsamer Umsturz   b) Auflösung   c) Beschluss

23. *partout:*
a) durchaus, unbedingt   b) weich, geschmeidig   c) jetzt

24. *korrumpieren:*
a) verzehren   b) bestechen   c) abstimmen

25. *ambitioniert:*
a) angereichert   b) amtlich, förmlich   c) ehrgeizig

Leistungs-, Konzentrationstests

Adressenfehler

Sie finden auf den folgenden Seiten das Original einer Adressenliste und deren Abschrift vor. Diese Abschrift enthält gegenüber dem Original einige Fehler. Ihre Aufgabe ist es, diese Fehler zu finden. Als Fehler werden sämtliche Abweichungen von der ursprünglichen Liste betrachtet, einschließlich Zahlen und Zeichen. Vertauschte Buchstaben oder Zahlen, falsche Trennung oder Zusammenschreibung sowie fehlende oder falsche Worte (z. B. Talbach statt Talheim) gelten jeweils als ein Fehler.

Sie haben diese Fehler zu markieren und die jeweilige Fehlerzahl hinter jede Zeile zu schreiben.

Beispiel:

Original:
Karl-Heinz Offer GmbH & Co. KG, An dem Wasser 5, 76543 Ulm

Abschrift:
Karlheinz Ofer Gmbh + Co Kg, Auf dem Wasser 5 75643 Ulm

Lösung:
Karlheinz Of_er Gmbh ± Co_ Kg, Auf dem Wasser 5_ 75643 Ulm   9 Fehler

Für diese Aufgabe haben Sie 6 Minuten Zeit.

Original:

1. Marlon Keilerbach, Robert-Koch-Str. 7a, 47930 Weinberg, 04372/179054

2. Beratungsbüro S. Achterbeck, Karmastr. 27, 19754 Berlin, 0030/8542353

3. INTERFACE COSMETICS AG, Plönweg 12–14, 26598 Südstadt, 01574/435-0

4. Bäckerei Reichert, Lärchenallee 78, 37521 Tellingsfurt/Saale, 09791/67321

5. Giovanni di Loretto, Potsdamer Str. 32/II, 68309 Tagspieg, 03872/964534

6. Die Festplatte – Catering GmbH, Bergblick 4, 59234 Hamm, 05309/40927

7. Nicole Wettra, In der Wiese 52b, 88639 Tauchgermersdorf, 02532/77432

8. Johannes von Büren, Konradinstr. 14, 73035 Hohenstaufen, 07169/730997

9. flatdisc software AG, Auf dem Lenzberg 44, 59329 Spandau, 08687/598-1

10. Prof. Dr. Judith Weber, Flatowstr. 17, 44398 Sikkim, 04389/88509

11. Wolfgang Tappes, Calle Lobo 2, 29718 Riña, Málaga ESPAGNA, 0034-954081

12. Dülken GmbH & Co. KG, Nürtinger Str. 37, 74444 Bad Beuren, 083287/494-1

13. Norman Io, 15 Jupiter St, Adelaide S.A. 5016, AUSTRALIA, 0061-8-4864985

14. Angelina Zwingli, Flussweg 46a, CH-8600 Dübendorf, 0041-011/5973109

Abschrift:

1. Marlon Keilebach, Robert-Koch Str. 7, 47930 Weinsberg, 04372/179854

2. Beratungsbüro C. Achterdeck, Karma Str. 27, 19745 Berlin, 030/854233

3. INTERFACE KOSMETICS AG, Plönweg 12/14, 26598 Südstatt, 01574/4350

4. Beckerei Reichert, Lerchenallee 78, 37521 Tellingfurt/Sahle, 09771/6321

5. Giovanni do Lorretto, Potsdamer Str. 32/I, 68309 Taspieg, 03872/964634

6. Festplatte – Catering Gmbh, Am Bergblick 14, 59244 Hamm 05309/40297

7. Nicol Wetta, Auf der Wiese 52d, 886639 Tauchgemmersdorf, 02532/77432

8. Johannes von der Büren Konradinstr. 4, 73037 Hohenstaufer, 071696/73097

9. Flatdisc Software AG., Auf den Lenzberg 444, 58329 Spandaw, 08687/598 1

10. Prof. Dr Judit Weber, Flatowstr. 7, 44398 Sickim, 04389/8509

11. Wolfgang Tapper, Calle Lobos 2, 20718 Rina, Malaga ESPAGNIA, 0034-95401

12. Dülken Gmbh + CO. Kg, Nürtinger Str. 31, 7444 Beuren, 083287/4941

13. Norma Ion, 15 Juppiter St., Adelaide S.A. 5016, AUSTRIA, 0061-8-486495

14. Angelica Zwüngli, Fussweg 46, CC-8600 Düberndorf 0041-0111/597309

Buchstabenreihen aufspüren

Bei diesem Test finden Sie 14 Zeilen mit Buchstaben vor. Ihre Aufgabe ist nun, jeweils die drei Buchstaben, die im Alphabet aufeinander folgen, aufzuspüren und zu unterstreichen. Dabei spielt es keine Rolle, ob das Alphabet von vorne oder von hinten gelesen wird. Schreiben Sie hinter jede Zeile die Zahl der gefundenen Reihen.

Beispiel:

d j h <u>k l m</u> f q i k g b l x j h <u>x w v</u> l g i j k w <u>c b a</u> b p i h z

3 Reihenfolgen

Für diese Aufgabe besteht ein Zeitlimit von 7 Minuten.

1. g b u g f e c j o a h r s t v w y z e i q r s g j h w v u h b c d f o

2. p f v i u z r o t p o n k u t a w s m b v j e f g k z r q p h a y k p

3. h d l i g f r o p a g f e o t u v k z p h g f d s a l m n f t s t u y x

4. d j p o w x y w q p c c k l n o p t k u t s l g h i y c g f e u t r s i

5. s j w v u z n u e n z j o h m i j k g f d s t e e c d e q p o m l f v

6. f z f k h g r e w q o s t u f e j o d c x m y p n t d s c t h e g i l k

7. n h f d b c d a s u v w r e p i z y x r w q p o w e f g l h g f g l u

8. h z t n m l h g f i u s t u w q o j l a e i w u k a h f e d w x y d i l

9. q z f a b c r o i g s t a u f e r g l k u z t l k j u g f e h z t z r a f t

10. s u v w q r p b f g v f o d c b f v c a e w o h k e t q s t u l h g f

11. x c b g n o p f u t s s w q e d c j k o p r s t q d k f d e f h z x y

12. d a u r e f g l b v z t s r i u z g h g f d a b c g s y c u z l a o k l

13. h z y x d u d e f e w i h l o q s b a g h i d w q h k v w x a b d j

14. f a v c x j h i o p d s w v z z j u o a r w j l o v a e f g r k z o r d

Der Buchstaben-Striche-Test

Dieser Test ist bei Prüfinstitutionen sehr beliebt; es gibt ihn in diversen Varianten und unter verschiedenen Namen (b2-Test, 2d/bq-Test u.Ä.). Allgemein geht es darum, bestimmte Buchstaben-/Strichkombinationen zu erkennen und zu markieren. In der folgenden Aufgabe sollen Sie alle q und d finden, die mit insgesamt zwei Strichen versehen sind, wobei es egal ist, ob sich die Striche über oder unter den Buchstaben befinden.

Es handelt sich also um folgende Kombinationen:

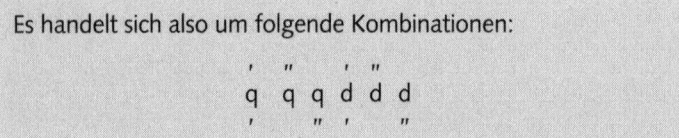

Schreiben Sie hinter jede Zeile die Zahl der gefundenen Kombinationen. Für diesen Test haben Sie 6 Minuten Zeit.

5. g b p q g q g b d b g d q p q b d b d p q g d

6. q p b d b d q p q g g g q d b p d q b g d d q p

7. g b d q p d g b d q p q d b g p q d b d q g p

8. p d g q q b d p q g d b p q d g p q b b d d q

9. q q g d d b g p q d b b q p d b q b d d q g p

10. p b q d g q p g d b d q p d q p d g b q d b b

11. g p q d b g d q b p d b g d b d q p d q g p d

12. d p q g d b p p d b d q g q q b b d p p q g d

13. q p g d b b d q p g d d b g q p p d b d q q g

14. p g g q b d b q p d g b q p q d b d q p g b d

15. g b p q p q b d q q d b g p b d g q p b d b q

16. p g d b d g q q p g b d d b q p q g d b d b q

17. d g b q p d b b d p g q q g b p d g q p b d d

18. q b d p q d b p g q p q d b d q p g d b d q g

19. q b g d p b q g d p b g d b q g p d d b q p g

20. q g p d b d b q p g p g q b g q d b d q p q d

Symbolpositionen erkennen

Dieser Test ist vom Prinzip her dem vorherigen ähnlich. Diesmal geht es um ein Symbol, das sowohl gedreht als auch gespiegelt worden ist. Ihre Aufgabe ist es, das Symbol zu finden, das sich in folgenden zwei Positionen befindet:

Schreiben Sie die Anzahl der richtigen Symbole hinter jede Zeile.

Für diesen Test haben Sie 5 Minuten Zeit.

1.
2.
3.
4.
5.
6.
7.
8.
9.
10.
11.
12.
13.
14.
15.
16.
17.
18.
19.
20.

Namen codieren

Im folgenden Test sind die Namen von 30 Personen und ihre Wohnorte aufgeführt. Es gilt, diese Namen mit den Wohnorten zu einer Codenummer zusammenzufassen.

Die Basis hierfür bilden vier Codier-Listen. Liste A enthält die Codenummern der Vornamen, Liste B enthält die der Nachnamen nach den jeweiligen Anfangsbuchstaben. Die Liste C dient der Verschlüsselung der Wohnorte. Die erste Ziffer des Codes schließlich ist die Länderkennzahl.

Beispiel:
Doris Glosse, Zürich
Schweiz = 5, Doris = 06, Glosse = 12, Zürich = 15
Code: 5061215

Für diese Aufgabe haben Sie 10 Minuten Zeit.

Adressenliste:

1. Immanuel Hinau, Berlin
2. Angelina Snipes, London
3. Wolfgang Tappes, Köln
4. Toni Wassl, Wien
5. Ingrid Suskeh, Stuttgart
6. Eberhard Ammer, Kassel
7. Fiona Corleona, Rom
8. Miguel Lopes, Barcelona
9. Sonja Anwes, Hamburg
10. Christian Douve, Brüssel
11. Alicia Florese, Mailand
12. Horst Lete, Saarbrücken
13. Bärbel Feiter, Freiburg
14. Sandrine Ineau, Paris
15. Ricardo Viajero, Madrid
16. Ulli Gibur, Essen
17. Tanja Holli, Zürich
18. Daniel Gertner, Lübeck
19. Ruud Kokke, Amsterdam
20. Nadine Enfin, Marseille
21. Otto Goldow, Potsdam
22. Frida Ude, Frankfurt/Main
23. Gaston Brûlé, Bordeaux
24. Linda Oechsle, Hannover
25. Günther Jese, Kassel
26. Léon Yvar, Aachen
27. Wim Nijmege, Rotterdam
28. Pamela Miller, Weimar
29. Joanna Reed, Liverpool
30. Monica Dutter Dortmund

Länderkennzahlen:

1 = Frankreich	4 = Italien	7 = England
2 = Deutschland	5 = Schweiz	8 = Belgien
3 = Spanien	6 = Niederlande	9 = Österreich

Code	A: Vorname	B: Nachname	C: Wohnort
01	A–Al	A–Am	Essen
02	Am–A	An–Az	Paris
03	B	B	Weimar
04	C	C	London
05	Da–Dl	Da–Do	Freiburg
06	Dm–Dz	Dp–Dz	Hannover
07	Ea–Em	Ea–El	Madrid
08	En–Ez	Em–Ez	Potsdam
09	Fa–Fi	Fa–Fl	Stuttgart
10	Fj–Fz	Fm–Fz	Köln
11	Ga–Gn	Ga–Gk	Wien
12	Go–Gz	Gl–Gz	Hamburg
13	H	Ha–Hm	Amsterdam
14	Ia–Im	Hn–Hz	Leipzig
15	In–Iz	I	Zürich
16	J	J	Marseille
17	K	K	Mailand
18	L	L	Aachen
19	Ma–Mi	M	Barcelona
20	Mj–Mz	Na–Ni	Lübeck
21	N	Nj–Nz	Brüssel
22	O	O	Saarbrücken
23	Pa–Qz	Pa–Qz	Rom
24	R	R	Dortmund
25	Sa–Sn	Sa–Sm	Berlin
26	So–Sz	Sn–Sz	Rotterdam
27	Ta–Tj	T	Liverpool
28	Tk–Tz	U	Frankfurt/Main
29	Ua–Vz	Va–Wz	Kassel
30	Wa–Zz	Xa–Zz	Bordeaux

Vokale berechnen

Sie finden bei diesem Test eine Tabelle vor, die ähnlich wie ein Koordinatensystem verwendet werden muss, wobei jeweils fünf Buchstaben zu einer Gruppe zusammengefasst sind. Die einzigen Buchstaben, die nun eine Rolle spielen, sind die Vokale, die je einen bestimmten Zahlenwert symbolisieren.

Dabei gilt: A = 1,   E = 2,   I = 3,   O = 4,   U = 5

Die Aufgabe besteht darin, pro Zeile den Buchstabenblock der linken Spalte mit den Blöcken A–D zu vergleichen, um dabei die gemeinsamen Stellen der Vokale zu finden, die dann entsprechend ihren Zahlenwerten multipliziert werden müssen. Die einzelnen Produkte der jeweiligen Zeile sind dann zu addieren. – Klingt vielleicht kompliziert, ist aber ganz einfach.

Beispiel:				
	A) GZITE	**B)** UAFID	**C)** PORUF	**D)** EDOVI
AEOZI	12 6	5 2	8	2 16 9 = 60

Erklärung:
Sie haben zunächst den Block der linken Spalte – AEOZI – mit dem Block A) – GZITE – zu vergleichen. Hier sind die gemeinsamen Positionen der Vokale bei beiden Blöcken an der dritten und fünften Stelle. Der nächste Schritt besteht darin, die Zahlenwerte der Vokale zu multiplizieren, in diesem Fall also 3 x 4 (entsprechend I x O) und 2 x 3 (entsprechend E x I). Bei den Blöcken B) – D) ist dann genauso zu verfahren. Die Summe der Produkte ergibt als Lösung 60.
  Schreiben Sie die Summe hinter jede Zeile.

Wichtig: Sie dürfen als Notizen lediglich Ziffern, jedoch keine Buchstaben in die Kästchen schreiben!

Für diesen Test haben Sie 10 Minuten Zeit.

	A) GZITE	B) UAFID	C) PORUF	D) EDOVI
1. AGTRI				
2. EGFAT				
3. LHEGU				
4. EZAZL				
5. AGHUI				
6. PYOLE				
7. FUTUR				
8. ZOFRE				
9. HGILU				
10. IFUZO				

Inhalte erfassen

Bei diesem Test geht es darum, Details einer Geschichte zu bemerken und sich einzuprägen. Die Fähigkeit, sich auf wichtige Fakten konzentrieren zu können, wird im Berufsleben ständig gefordert und ist generell von unschätzbarem Vorteil. Es gibt viele Möglichkeiten, seine Konzentrationsfähigkeit zu trainieren.

Lesen Sie sich die Geschichte zügig, aber aufmerksam durch und achten auf sämtliche Einzelheiten; Sie dürfen sich dabei keine Notizen machen.

Geburtstagsüberraschung

Noch leicht ermattet von der Geburtstagsfeier der letzten Nacht, betrat ich mein Büro in der dritten Etage des 14-stöckigen Firmengebäudes der Geppo AG an der Schlossallee, doch ein Blick auf den vollen Terminkalender ließ es partout nicht zu, mich der Müdigkeit hinzugeben. Am Schreibtisch schaltete ich zunächst meinen Rechner ein, gab mein Passwort »Sikkim« ein und rief die eingegangenen E-Mails ab.

Es waren drei Nachrichten eingegangen: Als Erstes die Bestätigung für den Auftrag, ein neues Layout für den Husumer Abendkurier zu entwickeln, dann ein Kostenangebot der Kunstdruckerei Stähle und zu guter Letzt das erwünschte Beleuchtungskonzept des Lichtspezialisten Pit Marquart, das mich stark beeindruckte: So unkonventionell hatte ich einen Konferenzraum noch nie ausgeleuchtet gesehen, seine Idee war schlicht genial.

Auf 10:30 war eine Teamsitzung anberaumt, sodass ich noch eine Stunde Zeit hatte, die Bewerbungsunterlagen der zwei verbliebenen Kandidatinnen für die neue Stelle zu sichten. Noch bevor ich die Mappen öffnen konnte, klingelte das Telefon. Es war meine Kollegin und unmittelbare Vorgesetzte Vera Glesky.

»Könnten Sie gleich mal in mein Büro kommen? Es ist wichtig!« Ihr Ton klang ungewohnt sachlich und beunruhigend streng. – Sollte mir etwa bei den Kostenberechnungen für das Townshend-Projekt doch ein Fehler unterlaufen sein? Mit einem etwas unguten Gefühl klopfte ich an ihr Zimmer mit der Nummer A3 und trat ein. Neben Frau Glesky stand Thomas Loscher, dessen trockener Humor mich normalerweise immer aufheitern konnte, doch sein Gesichtsausdruck wirkte etwas gequält.

Sie ließ mir keine Zeit für Fragen. »Schöne Bescherung, was machen wir jetzt?« Ich verstand nicht, was gemeint war, zögerte jedoch nachzuhaken.

»Mann, Herr Staufer! Ich dachte immer, dass Sie zu den Menschen gehören, die in der Lage sind, sich weiterzuentwickeln.« Sie holte theatralisch Luft, um deutlich lauter fortzufahren: »Und dann so etwas! Was haben Sie sich dabei gedacht?«

»Wobei?« – Ich war besorgt, mich mit dieser Frage blamieren zu können und blickte Thomas Hilfe suchend an. Doch er schüttelte nur mit zugekniffenen Lippen den Kopf, was ich als Aufforderung zum Schweigen deutete.

So hatte ich Frau Glesky noch nie erlebt, ihre Stimme klang jetzt beinahe schrill. »Wollen Sie uns demütigen?« – Die Stille nach dieser Frage war unerträglich. Mir platzte der Kragen. »Was zum Henker ist eigentlich los?«

»Herr Staufer, Sie müssten doch wissen, dass,« – wieder eine dieser Pausen – »dass man nicht einfach 37 Jahre alt wird und dabei noch wie ein Twen aussieht! Herzlichen Glückwunsch!« Sie grinste schelmisch; Thomas brach in schallendes Gelächter aus. »Hey Johannes, mach weiter so und lass uns alt aussehen.« Er klopfte mir herzlich auf die Schultern.

»Von uns, für den Jungbrunnen der Firma!« Frau Glesky überreichte mir lächelnd einen länglichen Karton.

»Echt, ihr seid vielleicht ...! So schafft ihr es bestimmt, dass ich in kürzester Zeit völlig ergraue.« Ich öffnete behutsam die Verpackung und konnte es kaum fassen: Es war eine original Marquart-Tischlampe!

»Die ist für die Erleuchtung, und diese Woche gehen wir essen.«

»Danke, ihr seid Klasse!« Mein Blick streifte zufällig die digitale Wanduhr, nur noch eine Stunde bis zur Teamsitzung.

»Ich muss zurück, wir sehen uns nachher.« Ich nahm die Lampe und verließ lächelnd das Zimmer – die Überraschung war gelungen.

Beantworten Sie nun, ohne nochmals in den Text zu sehen, die folgenden Fragen:

1. An welcher Straße befindet sich das Gebäude, wie viele Stockwerke hat es?
2. Wie heißt die Firma?
3. In welcher Etage ist das Büro des Erzählers?
4. Wie war das Passwort für den Rechner?
5. Welche E-Mails waren eingegangen?
6. Für welche Zeit war die Teamsitzung anberaumt?
7. Wie hieß die Vorgesetzte?
8. Welche Nummer hatte ihr Büro?
9. Wer war noch in diesem Büro?
10. Wie ist der Name des Erzählers?
11. Wie alt wurde der Erzähler an diesem Tag?
12. Was war in dem Karton?

Für ein gutes Ergebnis sollten Sie mindestens 9 Fragen richtig beantwortet haben.

Rechen-Konzentrationsaufgaben

Sie finden hier jeweils zwei Zeilen mit einfachen Rechenaufgaben vor, wobei Sie zuerst von der ersten Zeile, danach von Zeile zwei das Ergebnis zu ermitteln haben. Merken Sie sich die Resultate im Kopf, denn Notizen sind nicht gestattet.

Ist nun das Ergebnis von Zeile eins größer als das der zweiten Zeile, muss davon das Resultat von Zeile zwei abgezogen werden. Wenn hingegen das Ergebnis der zweiten Zeile größer als das der ersten ist, sind beide Resultate zu addieren. Sind beide Ergebnisse gleich groß, müssen sie ebenfalls addiert werden.

Schreiben Sie nur das Endergebnis hinter die jeweilige Aufgabe; Hilfsmittel sind nicht gestattet.

Beispiel A:

6 − 9 + 4

3 + 7 − 2   Lösung: 9

Das Ergebnis der ersten Zeile ist 1, das der zweiten Zeile ist 8. Da das Resultat von Zeile zwei größer ist, müssen beide Ergebnisse addiert werden. Daher: 1 + 8 = 9

Als Lösung ist die 9 zu notieren.

Beispiel B:

4 − 1 + 7

9 − 7 + 2   Lösung: 6

Hier ist das Ergebnis der ersten Zeile 10, das von Zeile zwei ist 4. Da das Resultat der ersten Zeile größer ist, muss davon das Ergebnis von Zeile zwei abgezogen werden. Daher: 10 − 4 = 6 Als Lösung müssen Sie hier 6 notieren.

Für diesen Test besteht ein Zeitlimit von 7 Minuten.

a) 7 − 4 + 8

   4 + 5 + 1

f) 11 + 6 − 7

   7 − 4 + 13

b) 2 + 12 − 4

   13 − 6 + 7

g) 9 − 3 − 5

   3 + 4 − 6

c) 6 + 5 − 3

   9 − 3 − 5

h) 23 − 4 − 14

   4 + 12 − 16

d) 3 + 12 − 5

   5 + 11 + 6

i) 50 − 25 − 5

   15 + 5 − 10

e) 2 − 5 + 9

   4 + 3 − 6

j) 5 + 6 + 9

   9 − 5 + 7

k) 18 + 6 − 10
   4 + 14 + 2   34

l) 8 − 9 + 3
   7 + 4 − 10   1

m) 17 − 13 + 7
   3 − 8 + 9   7

n) 14 − 7 + 3
   5 + 6 − 11   10

o) 5 + 11 − 3
   8 − 4 + 9   0

p) 3 − 9 + 12
   9 + 8 + 2   25

q) 7 + 7 + 7
   9 + 8 + 2   2

r) 44 + 6 − 30
   88 + 2 − 70   0

s) 66 − 33 − 23
   2 + 7 + 5   27

t) 19 − 4 + 1
   11 + 6 − 9   8

u) 44 − 7 + 3
   28 − 7 − 2   21

v) 13 − 5 − 6
   13 + 5 − 2

w) 6 − 9 + 5
   7 + 8 − 9

x) 7 − 5 + 11
   4 + 6 + 7

y) 4 − 2 + 8
   5 − 3 + 7

z) 18 − 12 − 6
   7 − 10 + 3

Symbolfelder

Hier finden Sie jeweils 3 Felder mit Symbolen, wobei immer 2 Felder identisch sind. Ihre Aufgabe besteht darin, das Feld zu finden, das sich von den anderen beiden unterscheidet.

Als Abweichungen gelten alle Änderungen gegenüber den beiden übrigen Feldern. Notieren Sie die Nummer des Feldes und die Anzahl der Abweichungen.

Für diesen Test haben Sie 4 Minuten Zeit.

Beispiel:

a)

```
∇∉ΣⅡΔ⊂∌∉Π
Δ∉϶⊂ΠΣⅡØ∉
ØΔ∂⊂ΠΣⅡØ∌
ΣΠΔ∉⊂∌Ø∌Π
ΣØ∇∌ⅡС∌Ø∌
```

b)

```
∇∉ΣⅡΔ⊂∌∉Π
Δ∉϶⊂ΠΣⅡØ∉
ØΔ∂⊂ΠΣⅡØ∌
ΣΠ∇∉⊂∌Ø∌Π
ΣØΔ∌ⅡС∌Ø∌
```

c)

```
∇∉ΣⅡΔ⊂∌∉Π
Δ∉϶⊂ΠΣⅡØ∉
ØΔ∂⊂ΠΣⅡØ∌
ΣΠΔ∉⊂∌Ø∌Π
ΣØ∇∌ⅡС∌Ø∌
```

Lösung: b), 2 Abweichungen

1. a)

```
∉ØΣⅡ∌∇Δ϶∌
⊂∌ΣΠ∌Π∇Ø∉
϶∉∌ΠⅡΔ⊂Δ϶
∉Π∌⊂∇Δ∉Π∈
Ø⊂Π∌∈Ø∇⊂∌
```

b)

```
∉ØΣⅡ∌∇Δ϶∌
⊂∌ΣΠ∌Π∇Ø∉
϶∉∌ΠⅡΔ⊂Δ϶
∉Π∌⊂∇Δ∉Π∈
Ø⊂Π∌∈Ø∇⊂∌
```

c)

```
∉ØΣⅡ∌∇Δ϶∌
⊂∌ΣΠ∌Π∇Ø∉
϶∉∌ΠΠΔ⊂Δ϶
∉Π∌⊂∇Δ∌Π∈
Ø⊂Π∌∈Ø∇⊂∌
```

2. a)

```
⊂ΣΔ∉Π϶∌ΔØ
∇⊂ΣⅡ∌∉ΔØ∌
Ø϶⊂Ø∌Π∌∌Ⅱ
ΣⅡ∉∇Ø϶⊂Ø∉
϶Ø⊂϶∇ΔØ⊂∌
```

b)

```
⊂ΣΔ∉Π϶∌ΔØ
∇⊂ΣⅡ∌∉ΔØ∌
Ø϶⊂Ø∌Π∌∌Ⅱ
ΣⅡ∉ΔØ϶⊂Ø∉
϶Ø⊂϶∇ΔØ⊂∌
```

c)

```
⊂ΣΔ∉Π϶∌ΔØ
∇⊂ΣⅡ∌∉ΔØ∌
Ø϶⊂Ø∌Π∌∌Ⅱ
ΣⅡ∉ΔØ϶⊂Ø∉
϶Ø⊂϶∇ΔØ⊂∌
```

3. a)

```
϶ΠΣ⊂∇Ø϶∉∌
Π϶∌∉Ⅱ∈Σ∌∇
ΔØ϶⊂∉϶Δ∈Π
⊂Π϶Ø∈∇϶϶∈
ΣΠ∉⊂϶Π∌϶⊂
```

b)

```
϶ΠΣ⊂∇Ø϶∉∌
Π϶∌∉Ⅱ∈Σ∌∇
ΔØ϶⊂∉϶Δ∈Π
⊂Π϶Ø∈∇϶϶∈
ΣΠ∉⊂϶Π∌϶⊂
```

c)

```
϶ΠΣ⊂∇Ø϶∉∌
Π϶∌∉Ø∈Σ∌∇
ΔØ϶⊂∉϶Δ∈Π
⊂Π϶Ø←∇϶∈
ΣΠ∉⊂∌Π∌϶⊂
```

4. a)

```
Ø∇⊂ ΠΣ∇Σ∆Ø
∈∃≠∉∇Π∅∃∆
∃≠Σ∅≠ΣЦ∉
≠∃Ц∈∃ΠΣ∆∇
∃⊂∉≠Ø∇∅⊂∆
```

b)

```
Ø∇⊂ ΠΣ∇Σ∆Ø
∈∃≠∈∇Ц∅∃∆
∃≠Σ∅≠ΣЦ∉
≠∃Ц∈∃ΠΣ∆∇
∃⊂∉≠Ø∇∅⊂∆
```

c)

```
Ø∇⊂ ΠΣ∇Σ∆Ø
∈∃≠∉∇Ц∅∃∆
∃≠Σ∅≠ΣЦ∉
≠∃Ц∈∃ΠΣ∆∇
∃⊂∉≠Ø∇∅⊂∆
```

5. a)

```
⊂∇∆Σ∇∉∃Ø∃
ØΣ∉Π∃Π∉∈∇
Ø≠⊂ ∆∈∆≠Π∈
∉∃≠∃ØΣ∇∉≠
Σ∃∃Σ∉Ø⊂Ø∇
```

b)

```
⊂∇∆Σ∇∉∃Ø∃
ØΣ∉Ц∃Π∉∈∇
Ø≠⊂ ∆∈∆≠Π∈
∉∃≠≠ØΣ∇∉≠
Σ∃∃Σ∉Ø⊂Ø∇
```

c)

```
⊂∇∆Σ∇∉∃Ø∃
ØΣ∉Ц∃Π∉∈∇
Ø≠⊂ ∆∈∆≠Π∈
∉∃≠≠ØΣ∇∉≠
Σ∃∃Σ∉Ø⊂Ø∇
```

6. a)

```
ØΣ∉Σ⊂Ø∈≠∃
Σ∇∉≠∇Σ∆Ц∇
⊂≠≠∉ЦØ∃Σ≠
∇Ø∃ΣЦ≠∃Π≠
⊂∆∃ΠЦ∈≠∈⊂
```

b)

```
ØΣ∉Σ⊂Ø∈Σ∃
Σ∇∉≠∇Σ∆Ц∇
⊂≠≠∉ЦØ∃Σ≠
∇Ø∃ΣЦ≠∃Π≠
⊂∆∃ΠЦ∈≠∈⊂
```

c)

```
ØΣ∉Σ⊂Ø∈≠∃
Σ∇∉≠∇Σ∆Ц∇
⊂≠≠∉ЦØ∃Σ≠
∇Ø∃ΣЦ≠∃Π≠
⊂∆∃ΠЦ∈≠∈⊂
```

7. a)

```
Σ∇∃⊂≠Π∈∃Ø
∇∉≠≠⊂Σ≠ЦΠ
≠∉∇Ø∃⊂∉∃∃
⊂ΠΣ∃ЦØ∈∃≠
ØΣ≠Π⊂∆∈≠≠
```

b)

```
Σ∇∃⊂≠Π∈∃Ø
∇∉≠≠⊂Σ≠ЦΠ
≠∉∇Ø∃⊂∉∃∃
⊂ΠΣ∃ЦØ∈∃≠
ØΣ≠Π⊂∆∈≠≠
```

c)

```
Σ∇∃⊂≠Π∈∃Ø
∇∉∃≠⊂Σ≠ЦΠ
≠∉∇Ø∃⊂∉∃∃
⊂ΠΣ∃ЦØ∈∃≠
ØΣ≠ΠØ∆∈≠
```

8. a)　　　　　　**b)**　　　　　　**c)**

ⅎ⊂Σ∈∋Δⵁꓱ∉	ⅎ⊂Σ∈∋Δⵁꓱ∉	ⅎ⊂Σ∈∋Δⵁꓱ∉
ⵁ⊂▽ⵁⅎꓱ∈∋⧧	ⵁ⊂▽ⵁⅎꓱ∈∋⧧	ⵁ⊂▽ⵁⅎꓱ∈∋⧧
Π∈Δⅎ⊂∈∉∋ⅎ	Π∋Δⅎ⊂∈∉∋ⅎ	Π∈Δⅎ⊂∈∉∋ⅎ
⊂▽ⅎ⊂∉ΣⅡ∋⧧	⊂▽ⅎ⊂∉ΠⅡ∋⧧	⊂▽ⅎ⊂∉ΣⅡ∋⧧
Π⊂▽ΣꓱΔ∈▽⊂	Π⊂▽ΣꓱΔ∈▽⊂	Π⊂▽ΣꓱΔ∈▽⊂

9. a)　　　　　　**b)**　　　　　　**c)**

Σ⊂▽▽∉∋ⅎΔꓱ⊂	Σ⊂▽▽∉∋ⅎΔꓱ⊂	Σ⊂▽▽∉∋ⅎΔꓱ⊂
▽∉∈∋⧧ΔⵁΠΣ	▽∉∈∋⧧ΔⵁΠΣ	▽∉∈∋⧧ΔⵁΠΣ
ⅎⵁ∉⧧⊂ΣⅡ▽Δ	ⅎⵁ∉⧧⊂ΣⅡ▽Δ	ⅎⵁ∉⧧⊂ΣⅡ▽Δ
ⵁΠ∉ⵁⅎꓱ∈∋⊂	ⵁΠ∉ⵁⅎꓱ∈∋⊂	ⵁΠ∉ⵁⅎꓱ∈∋⊂
ⵁ∈▽∉∋ⵁⅎ∈∉	ⵁ∈Δ∉∋ⵁⅎ∈∉	ⵁ∈Δ∉∋ⵁⅎ∈∉

10. a)　　　　　　**b)**　　　　　　**c)**

Δⅎ⊂∉ΣΠ∉∋Ⅱ	Δⅎ⊂∉ΣΠ∉∋Ⅱ	Δⅎ⊂∉ΣⅡ∉∋Π
▽ⵁ⊂∉⧧▽ⅎ⊂ꓱ	▽ⵁ⊂∉⧧▽ⅎ⊂ꓱ	▽ⵁ⊂∉⧧▽ꓱ⊂ꓱ
ΣΔⅎ⊂∋⧧⊂▽ⵁ	ΣΔⅎ⊂∋⧧⊂▽ⵁ	ΣΔⅎ⊂∋⧧⊂▽ⵁ
ⅎꓱΣⵁ∉∋ⅡΔⅎ	ⅎꓱΣⵁ∉∋ⅡΔⅎ	ⅎꓱΣⵁ∉∋ΠΔⅎ
ⵁ⧧ΠΔⵁΠ∈⧧	ⵁ⧧ΠΔⵁΠ∈⧧	ⵁ⧧ΠΔⵁΠ∈⧧

Ziffern verknüpfen

Ihre Aufgabe besteht darin, die 33 Zahlen in den jeweiligen Zahlen-
feldern der Größe nach – beginnend bei 1 – mit einem Bleistift zu
verbinden. Für diesen Test haben Sie lediglich 12 Minuten zur Verfügung. In dieser äußerst knappen Zeit werden Sie nur schwer alle
Zahlenfelder bearbeiten können.

Wichtig: Arbeiten Sie dabei möglichst exakt, denn das Ergebnis kann oft sehr unübersichtlich ausfallen. In einer realen Testsituation werden Sie dabei genau beobachtet, ob Sie auch tatsächlich den Zahlen folgen. Am Ende werten schließlich die Prüfer aus, wie viele Ziffern Sie korrekt verknüpft haben und kategorisieren Sie entsprechend.

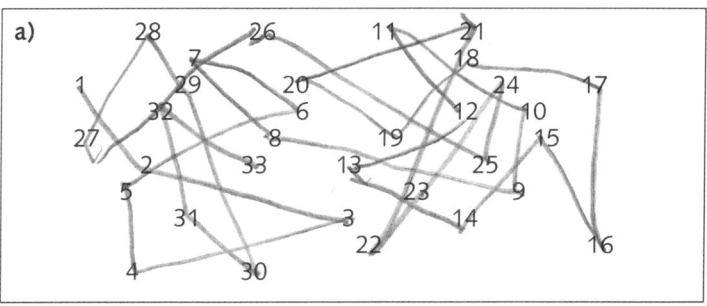

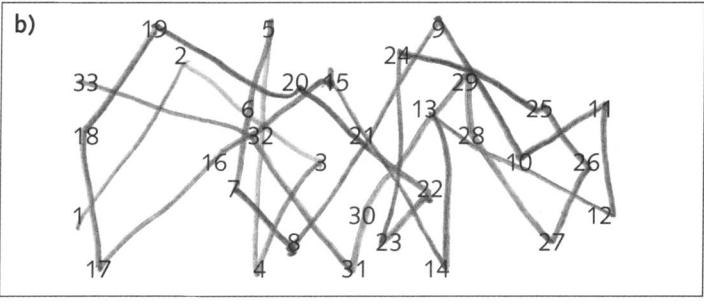

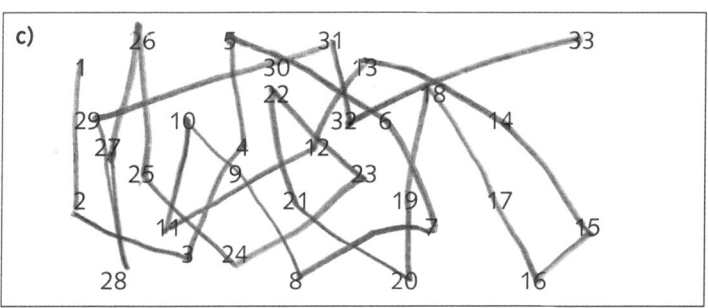

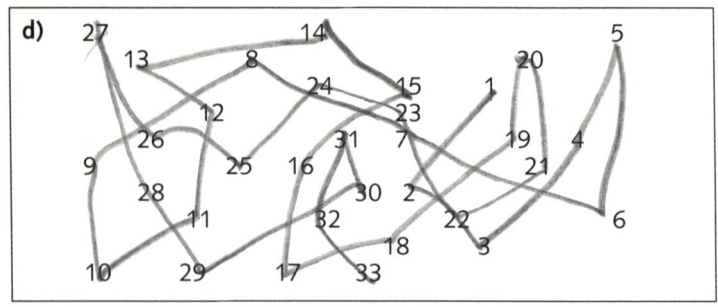

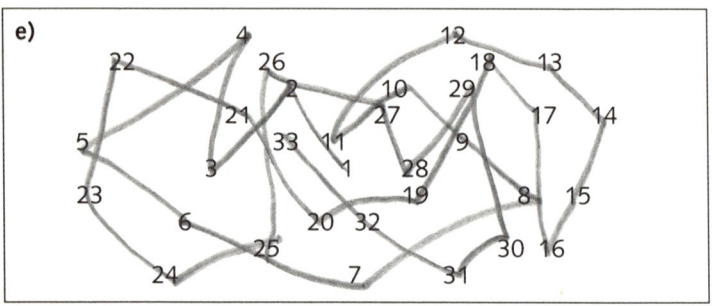

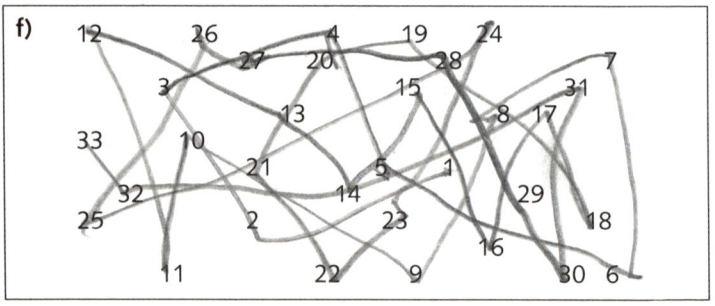

g) 25 4 12 21
15 22 9 17
5 10
23 3 29
20 8 31
24 13 27 33
16 32 18
14 11
6 19 30
26 7 28 2 1

h) 17 3 28 7 31
20 5 24
1 15 29
10 21
27 8 12
16 4 25 30
19 13 32
9 6 33
18 26 11 22
2 14 23

i) 22 24 30
17 26
32 18 10 16
3 29 9
19 11 4 2 15
1 8 27
23 5 25 7 14
20 12 6
13 28
33 21 31

k)

```
        18  29        15           24          1
    5                        22    8              27
            20                                    13
                    3       10    32
    16                                       25
                6       31              11
        19       21              23
    28                       2               33
       17         30    7                 14      26
           4                 9                12
```

l)

```
    12                30        22    28    7
           32   10                17              20
                        15    8
        11         31                        18
            25          23          27
                    3           5              29
        13      33         16
            1         9              21
                        24         6
           14      2    26      4              19
```

m)

```
            3       5     29        10   12    14
        21       19           8
                        17           24    30
                1               15
                    6    23        32
            20                27
        2           33         16           31   25
                    18                11
              4           28        9
        22                     7              26   13
```

n)

```
      23           2                  10          4   19
                      15    27
    1              32                  3      18
         25                11    21
                                    5      9   29
    24             12          16   28
                                  7           30
      13                      6     17
           26                            20
    33             14          31   22              8
```

o)

```
    27
         15           28   1                  20
                 4              17   8      10
       2              24   29        32
                   6                        22
    14             13                 11
         5         25                    19   9
    33             3    12    7          21
    26                      18    31
```

Pfeilzeichen-Rechnen

Dieser Test kombiniert Rechentalent, Konzentrationsfähigkeit und grafische Auffassungsgabe. – Sie finden hier fünf unterschiedliche Symbole vor, die jeweils eine bestimmte Zahl darstellen. Diese sind:

✪ = 50   ◆ = 10   ▲ = 8   ✚ = 5   ❤ = 2

Diese Symbole sind durch vier verschiedene Pfeilarten verbunden, die je für eine Rechenart stehen. Diese sind:

———————⟶ = x (multipliziert)   ‑‑‑‑‑‑‑‑‑‑⟶ = : (dividiert)
———————▶ = + (plus)   ‑‑‑‑‑‑‑‑‑‑▶ = - (minus)

Ihre Aufgabe ist es nun, eine Endsumme zu ermitteln, indem Sie rechnerisch den Pfeilen und Symbolen folgen. Sie dürfen dabei keine Hilfsmittel verwenden und auch keine Notizen machen. Das Zeitlimit hierfür beträgt 4 Minuten. Sie haben die Aufgabe bewältigt, wenn Sie in dieser Zeit die korrekte Lösungszahl ermittelt haben.

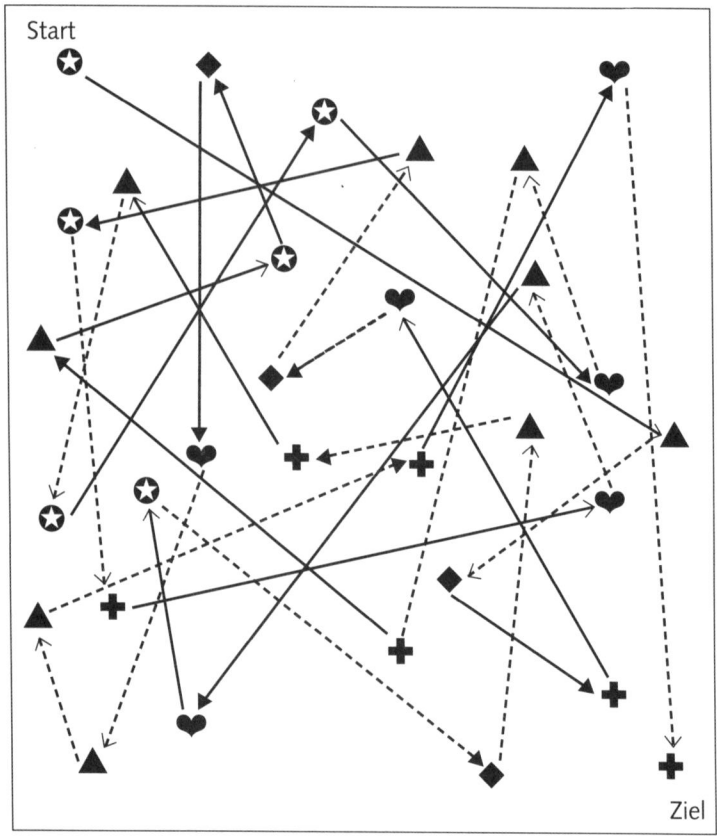

Objekte vergleichen

Sie finden hier jeweils drei Objekte vor, von denen zwei identisch sind, während sich das dritte durch ein oder mehrere Details von den anderen unterscheidet. – Ihre Aufgabe ist es, dieses in kürzester Zeit zu finden.

Sie haben insgesamt 2,5 Minuten (= 10 Sekunden pro Aufgabe) Zeit.

Beispiel:

a)   b)   c)

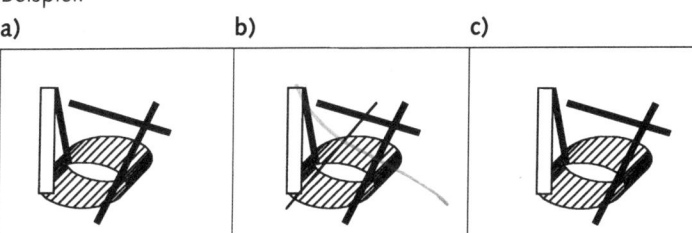

Lösung b), zusätzliche Linie rechts vom Rechteck

1. a)   b)   c)

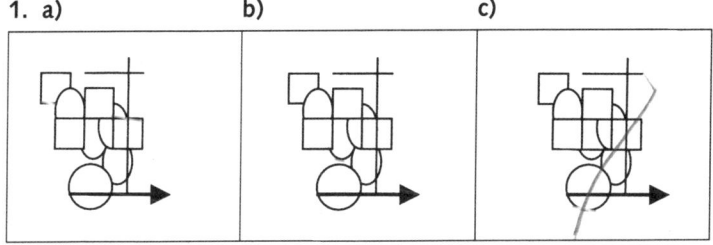

2. a)   b)   c)

3. a)   b)   c)

4. a)   b)   c)

5. a)   b)   c)

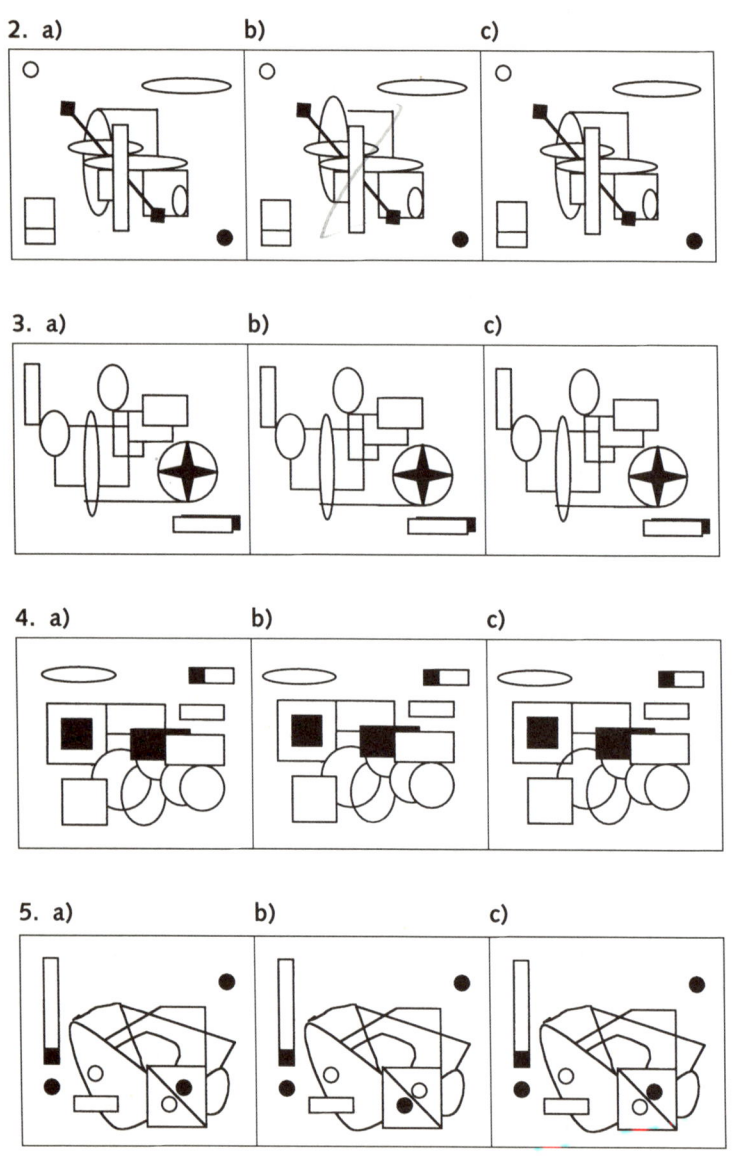

6. a) b) c)

7. a) b) c)

8. a) b) c)

9. a) b) c)

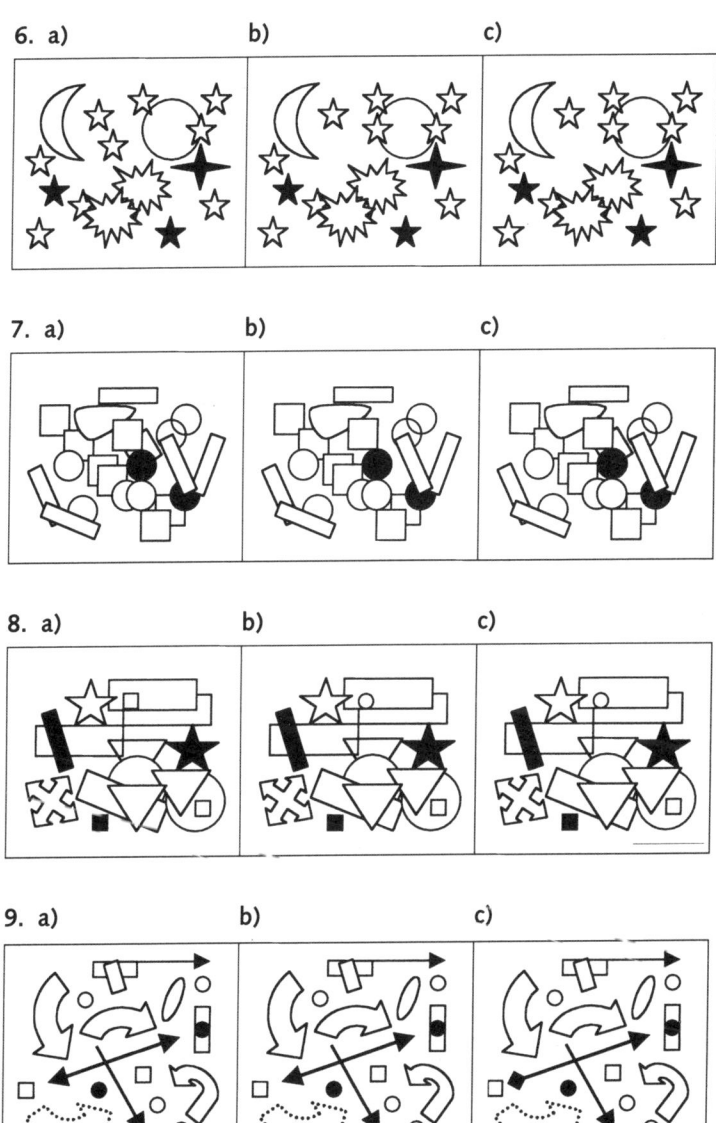

10. a)   b)   c)

11. a)   b)   c)

12. a)   b)   c)

13. a)   b)   c)

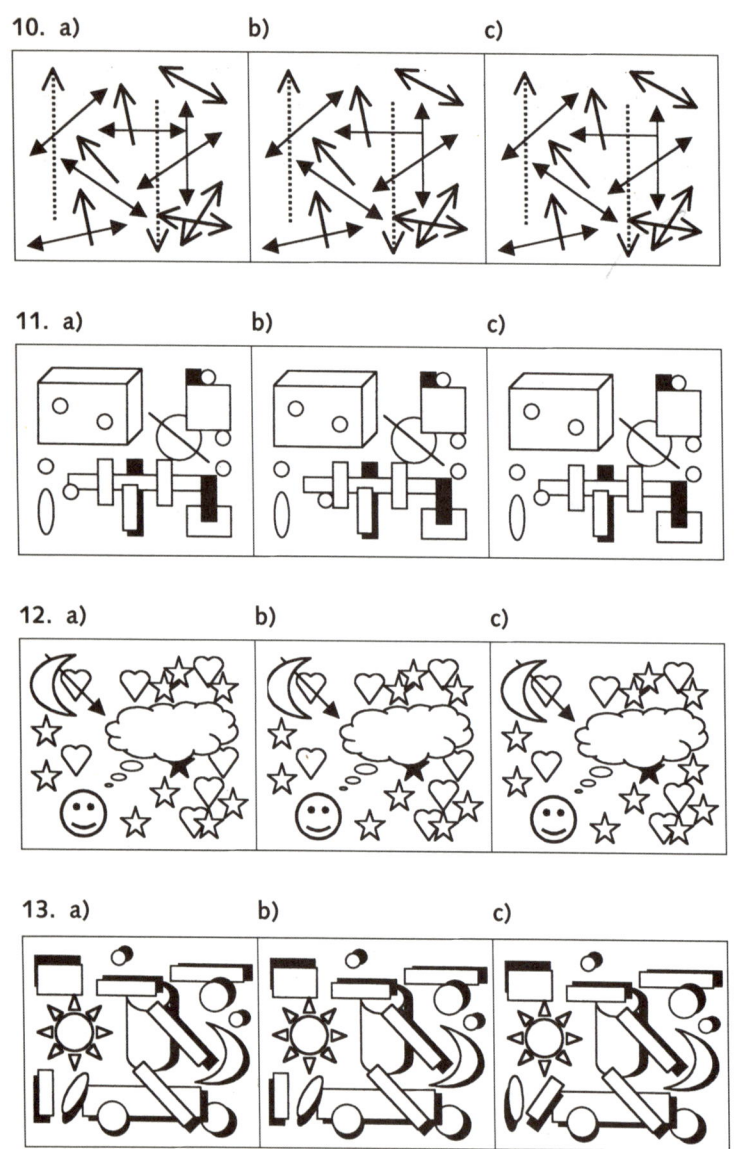

14. a)   b)   c)

15. a)   b)   c)

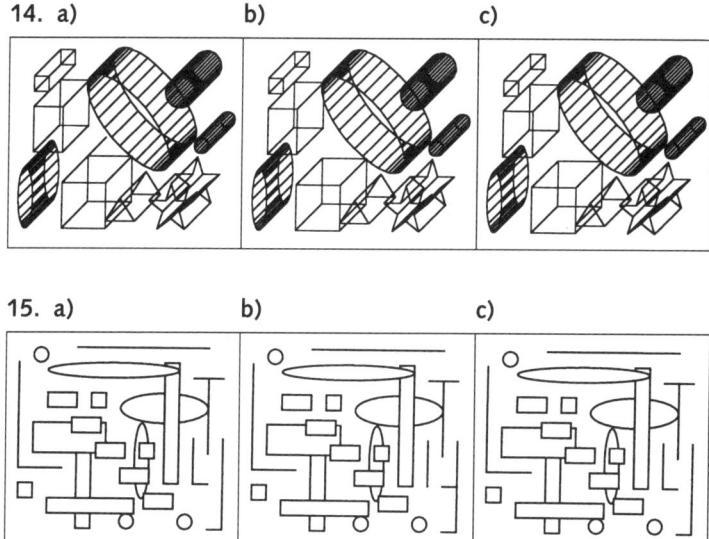

Logisches Denkvermögen

Ausschließlichkeiten

In diesem Test werden Ihnen jeweils fünf Aussagen präsentiert. Von diesen ist entweder eine richtig und vier sind falsch oder aber es sind vier richtig und nur eine falsch. Finden Sie nun die jeweils einzig richtige oder einzig falsche Aussage heraus.

1. Beispiel:
Ausgeschlossen ist es, dass ein Fisch...

a) tauchen kann.　　　d) singen kann.

b) Eier legen kann.　　e) springen kann.

c) atmen kann.

Lösung: d)

Erklärung: Fische können tauchen, Eier (Laich) legen, atmen (durch Kiemen), aus dem Wasser springen, sind jedoch unfähig zu singen. Also ist d) die Lösung, da sie die einzig falsche Aussage ist.

2. Beispiel:
Es ist unwahrscheinlich, dass man in Südamerika...

a) christliche Kirchen aus dem 12. Jahrhundert betreten kann.

b) Koalas in freier Wildbahn vorfindet.

c) Inkatempel bestaunen kann.

d) Achttausender besteigen kann.

e) antike römische Befestigungen besichtigen kann.

Lösung: c)

Erklärung: Es gibt in Südamerika keine christlichen Kirchen aus der Zeit vor Kolumbus, Koalas leben in Australien, alle Achttausender sind in Asien und römische Befestigungen gibt es natürlich auch nicht in Südamerika. Also ist c) die Lösung, da sie die einzig richtige Aussage ist.

Für diesen Test haben Sie 8 Minuten Zeit.

1. *Es ist auszuschließen, dass die Antarktis...*
a) das natürliche Verbreitungsgebiet der Eisbären ist.
b) mit einem U-Boot unterquert werden kann.
c) kein Sonnenlicht erhält.
d) von Menschen betreten werden kann.
e) immer frei von Müll bleibt.

2. *Ausgeschlossen ist, dass ein Kommissar...*
a) selbst Gesetze bricht.
b) alle Fälle löst.
c) bei der Berufsausübung sein Leben riskiert.
d) erpressbar ist.
e) nie jung war.

3. *Es ist ausgeschlossen, dass ein Philosoph...*
a) nicht denken kann.
b) schlechte Bücher schreibt.
c) ein guter Sportler ist.
d) trockenen Humor besitzt.
e) streitsüchtig ist.

4. *Unwahr ist es, dass der Mond...*
a) eine Atmosphäre besitzt.
b) von der Erde aus nicht erreicht werden kann.
c) Ebbe und Flut verursacht.
d) schon immer von Menschen bewohnt war.
e) nur um die Sonne kreist.

5. *Man kann ausschließen, dass ein Hund...*
a) Menschen beißt.
b) wie ein Pferd galoppiert.

c) verwildern kann.

d) Milch trinkt.

e) Gras frisst.

6. *Es ist ausgeschlossen, dass Eis...*

a) kalt ist.

b) schmelzen kann.

c) aus Wasser besteht.

d) als Kühlmittel verwendet werden kann.

e) niemals auf Wasser schwimmt.

7. *Auszuschließen ist, dass ein Fußballspieler...*

a) Handball spielt.

b) musikalisch ist.

c) intelligent ist.

d) keine Lunge hat.

e) Politiker ist.

8. *Es ist völlig unwahrscheinlich, dass eine Ente...*

a) miaut.

b) schwimmen kann.

c) fliegen kann.

d) Eier legt.

e) essbar ist.

9. *Ausgeschlossen ist, dass Kinder...*

a) nie schwimmen können.

b) keine Gefühle haben.

c) älter als ihre Eltern sind.

d) keine Zuneigung brauchen.

e) klüger als ihre Eltern sind.

10. *Es ist unmöglich, dass Gold...*

a) noch teuerer wird.

b) das härteste Metall ist.

c) verschenkt werden darf.

d) geschmolzen werden kann.

e) als Zahnersatz dient.

11. *Es ist ausgeschlossen, dass elektrischer Strom...*

a) nutzlos ist.

b) immer ungefährlich ist.

c) niemals Spannung hat.

d) verkauft werden darf.

e) flüssig ist.

12. *Keineswegs kann Milch...*

a) gefrieren.

b) gerinnen.

c) von Fischen stammen.

d) pasteurisiert werden.

e) zu Quark verarbeitet werden.

13. *Es ist ausgeschlossen, dass der Jupiter...*

a) mehrere Monde hat.

b) kein Planet ist.

c) um die Erde kreist.

d) ein Fixstern ist.

e) zu Fuß erreicht werden kann.

14. *Keinesfalls kann man im Internet...*

a) Bankgeschäfte tätigen.

b) bügeln.

c) chatten.

d) spielen.

e) Informationen abrufen.

Tatsache oder Annahme

Bei diesem Test wird geprüft, wie sehr Sie zwischen Meinung und Wirklichkeit unterscheiden können. Es wird also in erster Linie Ihr Beurteilungsvermögen geprüft.

Es liegen hier 12 Aussagen vor, die Sie nach Annahme oder Tatsache bewerten sollen. Als Tatsachen gelten die Aussagen, die entweder beweisbar sind oder nach allgemein gültigen Standards als wahr gelten. Bei Annahmen dagegen bleibt der Wahrheitsgehalt zumindest strittig.

> 1. Beispiel:
> Das nächste Spiel ist immer das schwerste.
> Meinung
>
> 2. Beispiel:
> Einst lebten Mammuts auf der Erde.
> Tatsache

Kreuzen Sie die jeweils richtige Lösung an (M = Meinung, T = Tatsache). Für diesen Test haben Sie 4 Minuten Zeit.

1. Vorfreude ist stets die schönste Freude.
   M ☒   T ☐

2. Rauchen schadet der Gesundheit.
   M ☐   T ☒

3. Früher war alles besser.
   M ☒   T ☐

4. Männer sind für Führungspositionen besser geeignet als Frauen.
   M ☒   T ☐

5. Es ist möglich, gänzlich ohne elektrischen Strom zu leben.

   M ☐   T ☒

6. In Zukunft sind sicher alle Krankheiten heilbar.

   M ☒   T ☐

7. Die Sterne bestimmen unser Schicksal.

   M ☒   T ☐

8. Alkohol kann eine Suchtkrankheit verursachen.

   M ☐   T ☒

9. Paris ist das kulturelle Zentrum Europas.

   M ☒   T ☐

10. Bei Aktiengeschäften kann man Geld verlieren.

    M ☐   T ☒

11. Die Menschheit hat sich im 20. Jh. mehr als verdreifacht.

    M ☐   T ☒

12. Lärm kann krank machen.

    M ☐   T ☒

Abstruse Rückschlüsse

Bei diesem Test soll der Wahrheitsgehalt von Aussagen geprüft werden. Hierbei geht es darum, herauszufinden, ob die folgenden Aussagen der Logik nach möglich sind. Es ist dabei völlig unerheblich, dass die Aussagen keinen Sinn ergeben; entscheidend ist ausschließlich die Logik.

1. Beispiel:
Alle Esel fressen Würmer. Würmer können singen.
Daraus folgt: Esel können singen.
a) richtig   b) falsch
Antwort: b) falsch

2. Beispiel:
Alle Frösche sind Häuser. Alle Häuser haben Flügel.
Daraus folgt: Frösche haben Flügel.
a) richtig   b) falsch
Antwort: a) richtig

Für die folgenden Aufgaben besteht ein Zeitlimit von 6 Minuten.

1. Alle Fische tragen Pullover. Pullover sind fröhlich.
    Daraus folgt: Alle Fische sind fröhlich.
    a) richtig   b) falsch

2. Alle Flugzeuge können boxen. Jede Note ist ein Flugzeug.
    Daraus folgt: Alle Noten sind fähig zu boxen.
    a) richtig   b) falsch

3. Nüsse fahren stets auf blauen Treppen. Blaue Treppen sind öfters grün. Daraus folgt: Nüsse wechseln öfters die Farbe.
    a) richtig   b) falsch

4. Alle Boote treiben Sport. Jeder Sportler kann im Gegensatz zu allen Booten tief tauchen. Daraus folgt: Kein Boot kann tief tauchen.

   a) richtig   b) falsch

5. Jede Tomate kann alles malen. Alle Preise sind immer gepfeffert, weil sie stets Tomaten malen. Alle Eimer sind Tomaten. Daraus folgt: Alle Eimer können malen.

   a) richtig   b) falsch

6. Zweiter Rückschluss zu 5.:
   Tomaten sind immer gepfeffert.

   a) richtig   b) falsch

7. Dritter Rückschluss zu 5.:
   Preise malen immer Eimer.

   a) richtig   b) falsch

8. Jeder Bär besitzt einen Mantel. In jedem Mantel befindet sich ein Handy. Daraus folgt: Bären können sprechen.

   a) richtig   b) falsch

9. Zweiter Rückschluss zu 8.:
   Bären haben auch Handys.

   a) richtig   b) falsch

10. Dritter Rückschluss zu 8.:
    Wer einen Mantel besitzt, muss ein Bär sein.

    a) richtig   b) falsch

Dominosteine

Die folgenden Aufgaben fehlen in nahezu keinem Test. Wenn man das System einmal durchschaut hat, sind sie aber kinderleicht zu lösen.

In drei vorgegebenen Reihen von Dominosteinen, deren Augenzahl in einem bestimmten Schema angeordnet ist, bleibt jeweils ein Feld unausgefüllt. Ihre Aufgabe ist es nun, den einzig logisch ergänzenden Stein aus dem Lösungsblock herauszufinden. Wichtig ist es dabei, die erste und die zweite Reihe der Augenzahl auf einem Dominostein separat zu betrachten.

Folgende Schemata sind möglich:

– Aufsteigende Reihe, z. B. 1 – 2 – 3 / 2 – 4 – 6 usw.

– Absteigende Reihe, z. B. 5 – 3 – 1 / 6 – 5 – 4 usw.

– Addition: Die Summe des ersten und zweiten Steins ergibt hierbei jeweils den dritten, z. B. 1 + 3 = 4 / 1 + 2 = 3 / 4 + 2 = 6

– Subtraktionen: Der zweite Stein wird vom ersten abgezogen, die Differenz daraus ergibt den dritten Stein, z. B. 4 – 2 = 2 / 5 – 1 = 4/ 6 – 1 = 5

– Wiederkehrende Folgen: Dabei tauchen regelmäßig oder unregelmäßig bestimmte Augenzahlen auf, z. B. 2 – leer – 2 / leer – 2 – leer / 2 – leer – 2 (unregelmäßig) oder 6 – 6 – 6 (regelmäßig)

Für die folgenden 24 Aufgaben haben Sie ca. 8 Minuten Zeit.

1.

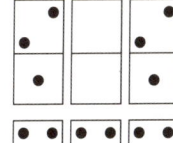

Lösungspool:

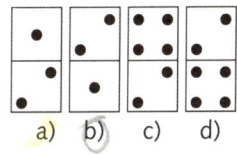

a)   b)   c)   d)

2.

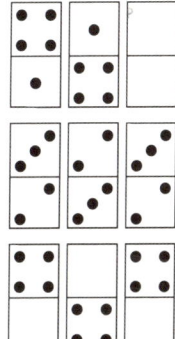

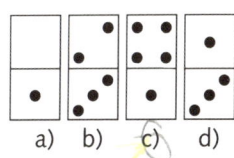

a)   b)   c)   d)

3.

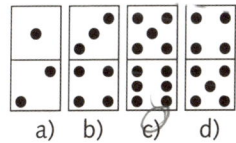

a)   b)   c)   d)

4.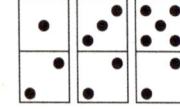

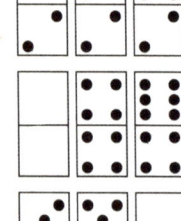

Lösungspool:

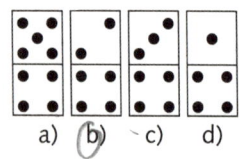

a) (b) c) d)

5.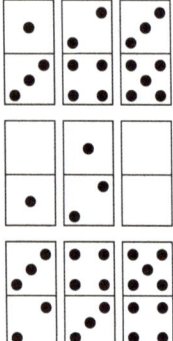

a) b) c) d)

6.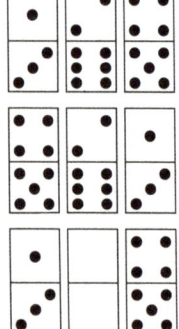

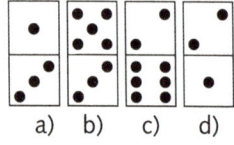

a) b) c) d)

7.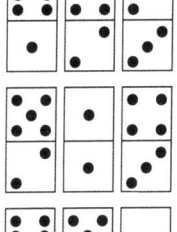

Lösungspool:

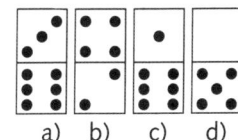

a)   b)   c)   d)

8.

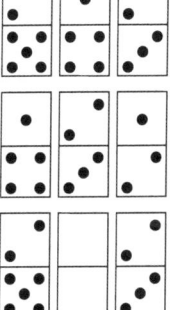

a)   b)   c)   d)

9.

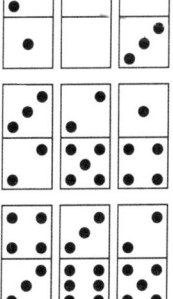

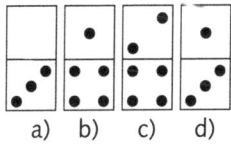

a)   b)   c)   d)

10.

Lösungspool:

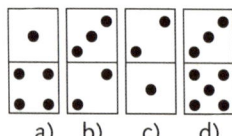

a)   b)   c)   d)

11.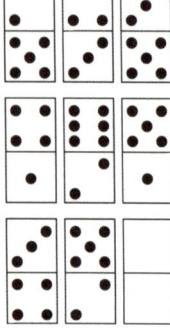

a)   b)   c)   d)

12.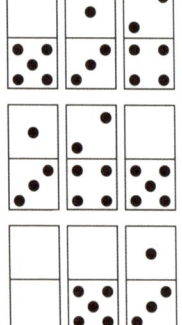

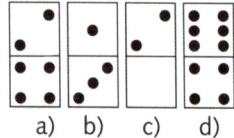

a)   b)   c)   d)

13.

Lösungspool:

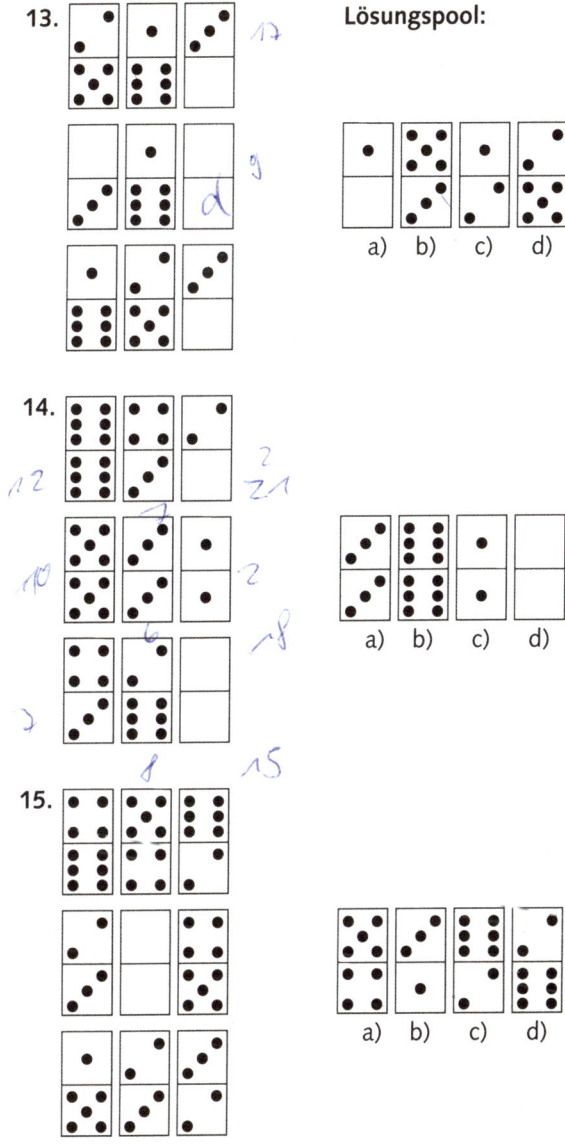

a) b) c) d)

14.

a) b) c) d)

15.

a) b) c) d)

Verbale Intelligenz

Verbale Begriffsreihen

Bei dem folgenden Test werden Ihnen jeweils fünf Wörter vorgegeben, wobei immer vier eine inhaltliche Gemeinsamkeit haben. Ihre Aufgabe ist es, das Wort zu finden, das sich von den anderen am deutlichsten unterscheidet.

> Beispiel:
> a) Hemd   d) Hose
> b) Rock   e) Jacke
> c) Handtuch
> Lösung:
> c) Ein Handtuch ist kein Kleidungsstück.

Für die folgenden 20 Aufgaben haben Sie 6 Minuten Zeit.

1. a) nachlässig   d) schlampig
   b) lax   e) liederlich
   c) haltlos

2. a) Baby   d) Vater
   b) Greis   e) Erwachsener
   c) Kleinkind

3. a) Regal   d) Kommode
   b) Schreibtisch   e) Ordner
   c) Schrank

4. a) Südafrika   d) Asien
   b) Australien   e) Antarktis
   c) Amerika

5. a) Kälte   d) Hitze
   b) Sturm   e) Wärme
   c) Frost

6. a) Sahne   d) Quark
   b) Butter   e) Marmelade
   c) Jogurt

7. a) Freude   d) Fröhlichkeit
   b) Überschwang   e) Liebe
   c) Reichtum

8. a) Zeitung   d) Festplatte
   b) Lexikon   e) Buch
   c) Katalog

9. a) planen   d) sägen
   b) hobeln   e) anstreichen
   c) bohren

10. a) türkis   d) gelb
    b) orange   e) hell
    c) beige

11. a) sauer   d) salzig
    b) lauwarm   e) süß
    c) scharf

12. a) Apfel   d) Banane
    b) Birne   e) Mandarine
    c) Kartoffel

13. a) Hand   d) Leber
    b) Magen   e) Milz
    c) Niere

14. a) quälen   d) verzweifeln
    b) peinigen   e) foltern
    c) misshandeln

15. a) Gruppe   d) Team
    b) Familie   e) Mannschaft
    c) Gemeinschaft

16. a) arrogant   d) hochnäsig
    b) überheblich   e) eingebildet
    c) souverän

17. a) Schwester   d) Neffe
    b) Onkel   e) Vertrauter
    c) Großmutter

18. a) Bach   d) Rinnsal
    b) Teich   e) Strom
    c) Fluss

19. a) einige   d) bisweilen
    b) oft   e) selten
    c) nie

20. a) unbeholfen   d) linkisch
    b) tapsig   e) tollpatschig
    c) salopp

Wortanalogien

Hier sind Ihnen drei Wörter vorgegeben, von denen das erste und zweite in einer bestimmten Relation zueinander stehen. Ihre Aufgabe besteht darin, dem dritten Wort einen Begriff hinzuzufügen, der dieser Relation weitest gehend entspricht. Das jeweilige Lösungswort befindet sich in einem Angebot von fünf Wörtern.

Beispiel:
Huhn : Ei = Fisch : ?
a) Filet   d) Laich
b) Hahn   e) Wasser
c) Fang

Lösung: d)
Das Verhältnis von Huhn zu Ei ist dasselbe wie von Fisch zu Laich. In beiden Fällen handelt es sich um das Produkt, das die Tiere legen.

Tipp:
Es kann durchaus sein, dass zwei Begriffe dieselbe Bedeutung haben; in diesem Fall müssten die anderen zwei Wörter ebenfalls Synonyme sein. Ebenso könnten zwei Begriffe einen Gegensatz darstellen, dann wäre zwischen den anderen Wörtern ebenfalls ein Gegensatz herzustellen.
   Die Analogien basieren also auf vielen unterschiedlichen Systemen. Um diese herauszufinden, benötigt man oft ein ordentliches Maß an Sprachgefühl und Kreativität.

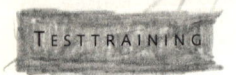

Für die folgenden 25 Aufgaben haben Sie 10 Minuten Zeit.

1. *Aussaat : Frühjahr = Ernte : ?*
a) Laub
d) Herbst
b) Stroh
e) Getreide
c) Wachstum

2. *Arbeit : Planung = Sport : ?*
a) Ausführung
d) Lohn
b) Stadion
e) Leistung
c) Training

3. *E-Mail : Postkutsche = schnell : ?*
a) Computer
d) Strom
b) Pferd
e) langsam
c) schneller

4. *Stein : Metall = verwittern : ?*
a) rosten
d) magnetisch
b) rollen
e) erodieren
c) schwer

5. *beinahe : immer = fast : ?*
a) nie
d) manchmal
b) stets
e) unter Umständen
c) ausgeschlossen

6. *Liebe : Zuneigung = Hass : ?*
a) Verrat
d) Bestrafung
b) Freundschaft
e) Gefühl
c) Verachtung

7. *hell : dunkel = mitteilen : ?*

a) grell
d) verschweigen
b) reden
e) Nachricht
c) dämmerig

8. *bisweilen : manchmal = trotzdem : ?*

a) dennoch
d) ab und zu
b) sogar
e) überhaupt
c) zuweilen

9. *Demokratie : Wahlen = Diktatur : ?*

a) Meinungsfreiheit
d) Politik
b) Volk
e) Unterdrückung
c) Parlament

10. *schusselig : konzentriert = zerstreut : ?*

a) übermüdet
d) tollpatschig
b) aufmerksam
e) wissend
c) rüpelhaft

11. *Quadratmeter : Fläche = Meter : ?*

a) Kilometer
d) Zentimeter
b) Rauminhalt
e) Entfernung
c) Maßeinheit

12. *Paris : Frankreich = Warschau : ?*

a) Europa
d) Polen
b) Osten
e) Hauptstadt
c) Staat

13. *Löwe : Afrika = Känguru : ?*
a) Australien   d) Beute
b) Wirbeltiere   e) Zoo
c) Steppe

14. *Verbrechen : Strafe = Leistung : ?*
a) Straftat   d) Tat
b) Entlohnung   e) Gefängnis
c) Polizei

15. *Bach : Fluss = Hügel : ?*
a) Meer   d) Berg
b) Tal   e) Ozean
c) Strom

16. *darstellen : übertreiben = Abbild : ?*
a) Kopie   d) Illustration
b) Gemälde   e) Karikatur
c) Foto

17. *Jahr : Zeit = Kilogramm : ?*
a) Gewicht   d) Meter
b) Minute   e) Tag
c) Gramm

18. *witzig : seriös = Humor : ?*
a) Spaß   d) Ernsthaftigkeit
b) Laune   e) trocken
c) Heiterkeit

19. *vergessen : erinnern = verlieren : ?*
a) versäumen
b) finden
c) Verlust
d) zerrinnen
e) abhanden kommen

20. *zahm : wild = trocken : ?*
a) furios
b) staubig
c) nass
d) dressiert
e) heftig

21. *Erde : Mond = Sonne : ?*
a) Planet
b) Weltall
c) System
d) umkreisen
e) Galaxie

22. *sprechen : brüllen = bedauern : ?*
a) verhindern
b) reden
c) flüstern
d) beanstanden
e) lamentieren

23. *China : Osten = USA : ?*
a) NATO
b) Washington D. C.
c) Westen
d) Dollar
e) Peking

24. *Büffel : Herde = Wolf : ?*
a) Schwarm
b) Rudel
c) Gruppe
d) Schar
e) Familie

25. Missgunst : Neid = Unterstützung : ?

a) Dienst   d) Hilfe

b) Rettung   e) Beratung

c) Eifersucht

Mathematische Fähigkeiten

Ergebnisse schätzen

Bei diesem Test wird primär das schnelle Erfassen einer Rechnung geprüft. Es geht darum, die einzig mögliche Größenordnung bzw. das einzig in Frage kommende Ergebnis in kürzester Zeit zu erkennen.

1. Beispiel:
45 674 + 335 860 + 2 155 = ?
a) 387 450   b) 321 429   c) 383 689   d) 400 567

Lösung: c)
Die Größenordnung des Ergebnisses muss bei ca. 380 000 liegen, und die Endziffer kann nur eine 9 sein. Daher kommt nur 383 689 als Lösung in Frage.

2. Beispiel:
$59^2 - 401 = ?$
a) 4 678   b) 3 080   c) 3 176   d) 2 108

Lösung: b)
59^2 ist etwas kleiner als 60^2 (3 600). Da die letzten Ziffern von 59 x 59 multipliziert 81 ergeben, muss die letzte Ziffer des Produkts also auch auf 1 enden. Da von diesem Produkt 401 abgezogen werden, muss die Lösung etwas kleiner als 3200 sein und als letzte Ziffer eine 0 haben.

Für die folgenden 20 Aufgaben haben Sie 12 Minuten Zeit.

1. (36 + 66) : 3 = ?
    a) 12   b) 34   c) 3   d) 8

2. 960 : 16 = ?
    a) 35   b) 60   c) 22   d) 88

3. $15\frac{1}{2}$ x 6 : 10 = ?
    a) 9,3   b) 5,6   c) 21   d) 13,5

4. 5 750 : $\frac{1}{4}$ = ?
    a) 1437,5   b) 12 750   c) 5250   d) 23 000

5. 39^2
    a) 898   b) 1521   c) 3988   d) 15 978

6. 46 % von 47 827
    a) 36 776   b) 11 689,4   c) 25 005,5   d) 22 000,42

7. $\sqrt{64} - 10 + \sqrt{36} + 5^2$ = ?
    a) 29   b) 5   c) 52   d) 14

8. 550 – 684 + 121 – 33 = ?
    a) 46   b) – 46   c) 121   d) – 4

9. $\frac{3}{9}$ - $\frac{2}{8}$ + $\frac{16}{24}$ = ?
    a) 1   b) $\frac{1}{3}$ c) – $\frac{3}{4}$ d) $\frac{3}{4}$

10. $\sqrt{8\,281}$ x 3 = ?
    a) 34   b) 1115   c) 91   d) 273

11. $800^2 : 400 = ?$
  a) 64 000   b) 1600   c) 4000   d) 16 000

12. $888 \times \frac{1}{8} = ?$
  a) 111   b) 7104   c) 10   d) 100

13. $50 \times ? = 39\,000$
  a) 150   b) 1020   c) 780   d) 225

14. $\frac{2}{12} + \frac{4}{6} - \frac{1}{3} = ?$
  a) $1\frac{1}{2}$ b) $-\frac{1}{2}$ c) $\frac{1}{4}$ d) $\frac{1}{2}$

15. $15\,004 : 4 = ?$
  a) 2501   b) 3751   c) 1249   d) 4001

16. $(\sqrt{144} + \sqrt{64}) : 40 = ?$
  a) 5   b) 1,5   c) 0,5   d) 15

17. $7,5\%$ von $467\,800 = ?$
  a) 3456,7   b) 69 870   c) 9986,75   d) 35 085

18. $\frac{66}{128} + \frac{23}{64} + \frac{9}{8} = ?$
  a) 2   b) $\frac{2}{3}$ c) $\frac{3}{4}$ d) 4

19. $5\,776 + 21\,690 + 79\,007 + 27 = ?$
  a) 105 483   b) 145 975   c) 99 002   d) 106 500

20. $7,9^3 = ?$
  a) 3578,77   b) 493,039   c) 245,7   d) 1427,79

Gemischte Textaufgaben

Textaufgaben dieser Art werden in Tests zur Beurteilung der mathematischen Begabung recht häufig angewandt. Hier geht es darum, in kürzester Zeit die vorgegebenen Inhalte zu analysieren und die entsprechenden rechnerischen Lösungswege anzuwenden.

Für die folgenden 20 Aufgaben haben Sie 30 Minuten Zeit. Hilfsmittel wie Taschenrechner sind nicht zugelassen.

1. 2 kg Äpfel kosten in Nürtingen 3,80 Euro, in Göppingen kosten 3 kg Äpfel 5,40 Euro. – Wo sind die Äpfel preiswerter?

2. Sie erhalten bislang ein Gehalt von 1450 Euro im Monat, das ab dem nächsten Monat auf 1508 Euro angehoben wird. – Wie viel Prozent beträgt der Lohnanstieg?

3. Ein Kind hatte in den ersten beiden Jahren etwa zwei Drittel seiner Lebenszeit geschlafen. – Wie viele Monate war es wach?

4. Teilt man eine Zahl durch 4 und addiert dann 12, so ist das Ergebnis 20. – Um welche Zahl handelt es sich?

5. Die Flugdistanz vom Ausgangsflughafen bis zu Ihrem Urlaubsziel beträgt 3080 km. Die durchschnittliche Fluggeschwindigkeit Ihres Flugzeugs ist 880 km/h. – Wie lange ist die Flugzeit?

6. Ein Lotteriegewinn von 260 000 Euro soll unter zwei Wettgemeinschaften so aufgeteilt werden, dass die Gemeinschaft A den dreifachen Betrag von Gemeinschaft B erhält. – Wie viel erhalten sie jeweils?

7. Bei einem Gewitter sehen Sie einen Blitz und hören 4 Sekunden später den Donner. – Wie weit war der Blitz entfernt, wenn man von einer Schallgeschwindigkeit von 1188 km/h ausgeht?

8. Um eine Terrasse von 3,5 m Breite seitlich zu entwässern, soll ein gleichmäßiges Gefälle von 1,5 % zwischen den Breitseiten angelegt werden. – Wie groß ist der entsprechende Höhenunterschied?

$$4 \cdot 6 = 24 : 4 = 86$$

9. 4 Reinigungskräfte benötigen zur Säuberung eines Gebäudes 6 Stunden. – Wie viele Reinigungskräfte müssten eingesetzt werden, um die Arbeit in 4 Stunden zu erledigen?

10. Ein Auto bewegt sich mit einer Geschwindigkeit von 144 km/h auf ein Hindernis zu. Dieses bemerkt die Fahrerin erst, als sich das Fahrzeug bereits auf 95 m genähert hat. Der Bremsweg des Autos beträgt bei dieser Geschwindigkeit 65 m; die Reaktionszeit vor Beginn des Bremsvorgangs liegt bei 0,7 Sekunden. – Wird das Auto noch vor dem Hindernis zum Stehen kommen?

11. Bei den Wahlen in Südirland gab es 12,75 Millionen Wahlberechtigte; die Wahlbeteiligung betrug 70 %.
    a) Auf die Partei des Wahlgewinners entfielen 45,0 %. – Wie viele Stimmen waren dies?
    b) Wie viele Stimmen benötigte eine Partei, um nicht an der 5 %-Hürde zu scheitern?

12. Sie haben zwei Pakete mit einem Gesamtgewicht von 7,5 kg zu frankieren, dabei ist Paket A 1,5 kg schwerer als Paket B. – Wie hoch ist das Porto für die einzelnen Pakete, wenn Sie für 1 kg 3 Euro zu bezahlen haben?

13. Ein Auto verbraucht auf 100 km 6 l Benzin, das Volumen des Benzintanks beträgt 42 l. – Wie weit kann man mit einer Tankfüllung fahren?

14. Ein Würfel mit einer Kantenlänge von 3 cm wiegt 108 g. – Wie viel wiegt ein Würfel gleichen Materials mit der Kantenlänge von 4 cm?

15. Ein Radfahrer hat 7,7 ml Alkohol im Blut. – Wie viel Promille sind dies, wenn die gesamte Blutmenge im Körper 5,5 l beträgt?

16. Ein Seil hat die Länge von 225 m; es soll nun so in vier Teile geteilt werden, dass ein Teil immer doppelt so lang wie das nächste ist. – Wie lang sind die jeweiligen 4 Teile?

17. Ein Schwimmbecken hat die Maße von 25 m Länge und 12 m Breite. Gefüllt hat es ein Fassungsvermögen von 900 m³. – Wie viel m³ Wasser sind im Becken, wenn es nur bis 25 cm unter den Rand gefüllt ist?

18. Der Wirkstoffanteil in den Blättern einer Heilpflanze beträgt 4 %. – Welche Blattmenge muss eine pharmazeutische Firma verarbeiten, um 3,6 kg Wirkstoff zu erhalten?

19. Ein rechteckiger Platz mit den Maßen 6,5 m x 4 m soll mit quadratischen Steinplatten mit der Kantenlänge 50 cm fugenfrei belegt werden. – Wie viele Steinplatten sind zu legen?

20. Das Tankvolumen Ihres Autos beträgt 50 l, der durchschnittliche Benzinverbrauch beträgt 5 l/100 km. Sie starten vollgetankt von Astadt nach dem 1040 km entfernten Bedorf. Nachdem Sie 4/5 des Benzins leergefahren haben, halten Sie an einer Tankstelle, wo der Liter Benzin 1,3 Euro kostet; dort investieren Sie Ihre letzten 10 Euro in Benzin. – Kommen Sie damit bis Bedorf?

Zeichen-Rechnungen

Sie finden in diesem Test einfache Rechenaufgaben, wobei die Ziffern allerdings durch entsprechende Symbole ersetzt worden sind. Hierbei entsprechen einzelne Zeichen einstelligen Ziffern (0–9), Zweierzeichen einer zweistelligen Zahl (10–99), Dreierzeichen einer dreistelligen Zahl (100–999) usw.

Mehrstellige Symbole im Quadrat werden dabei ohne Klammer geschrieben und gelten als eine einzige mehrstellige Zahl. $\bullet\blacktriangle^2$ könnte beispielsweise 12^2 (= 144) sein, aber nicht etwa 1×2^2 (= 4).

Sie haben nun herauszufinden, welche der in jeder Aufgabe aufgeführten Ziffern dem gesuchten Zeichen entspricht, um die Rechnung lösen zu können.

Beispiel:

$\blacktriangledown + \blacktriangledown + \blacktriangledown = \bullet$ $\blacktriangledown = 5, 4, 2, 8$

Lösung: 2
Nur so kann das Ergebnis einstellig sein.

Für diesen Test besteht ein Zeitlimit von 12 Minuten.

1. $\blacksquare \times \blacksquare \times \blacksquare = \blacksquare$ $\blacksquare = 5, 1, 2, 7$

2. $\bullet\blacktriangle : \blacktriangle = \blacktriangle$ $\blacktriangle = 4, 9, 3, 5$

3. $\bullet\bullet\bullet - \blacktriangledown - \blacktriangledown - \blacktriangledown = \blacktriangle\blacktriangle$ $\blacktriangledown = 2, 8, 4, 1$

4. $\blacktriangledown\blacksquare\blacktriangledown : \blacktriangledown\blacktriangledown = \blacktriangledown\blacktriangledown$ $\blacktriangledown = 7, 5, 1, 2$

5. $(\blacksquare + \blacksquare) : \blacktriangle = \blacksquare$ $\blacktriangle = 1, 6, 5, 2$

6. ●² + ●² = ■   ● = 4, 0, 2, 3

7. ▲■ x ■ = ●▲■   ■ = 2, 1, 5, 9

8. (▼● + ●▼)² x ■ = ■   ■ = 2, 7, 1, 0

9. ▲ x ▲ = ●▲   ▲ = 5, 1, 2, 7

10. ▲▼ x ▲▼ x ▲▼ = ▲▼▼▼   ▼ = 0, 2, 1, 5

11. ●■▲ - ▼ = ▼▼   ▼ = 7, 2, 9, 5

12. ▲▲² - ▲▲ = ▲▲■   ▲ = 2, 6, 3, 1

13. ●● x ▼ = ▼▼   ● = 6, 9, 1, 4

14. ●● x ●● = ■▲■   ● = 5, 3, 9, 2

15. ▼ + ▼ = ▲■   ▼ = 3, 0, 2, 7

16. ●■² + ●■² = ▲■▼   ■ = 9, 0, 8, 7

17. ●●
    - ■●
    - ■●
    ──────
      ●
● = 9, 1, 5, 4

18.   ■▲
      ■▼
    + ■▼
    ──────
    ▼▲■
■ = 2, 1, 4, 9

19. ▼▼▼
    ▼▼▼
    ▼▼▼
  + ▼▼▼
  ──────
   ▲▲▲
▼ = 2, 7, 0, 5

20.   ●
    - ■
    - ■
    - ■
    ──────
      ■
● = 9, 4, 1, 7

Räumliches Vorstellungsvermögen

Spiegelungen

Spiegelungen sind häufig angewandte Aufgaben zum Testen des räumlichen Vorstellungsvermögens.

Sie finden hier fünf Objekte vor, von denen immer vier deckungsgleich sind, sie wurden lediglich gedreht. Eines dieser Objekte wurde darüber hinaus noch gespiegelt, ist also nicht deckungsgleich mit den anderen. Sie sollen nun das gespiegelte Objekt aus der jeweiligen Reihe herausfinden.

Für diese 15 Aufgaben haben Sie 10 Minuten Zeit.

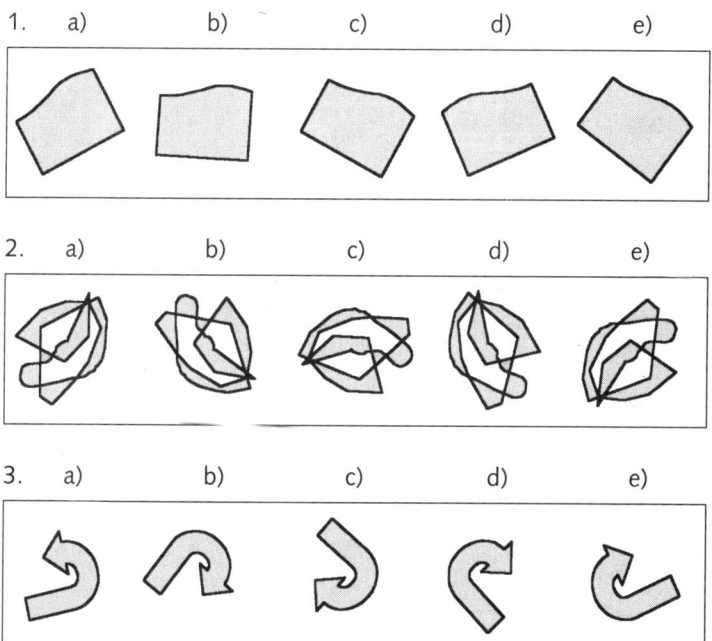

4. a)   b)   c)   d)   e)

5. a)   b)   c)   d)   e)

6. a)   b)   c)   d)   e)

7. a)   b)   c)   d)   e)

8. a)   b)   c)   d)   e)

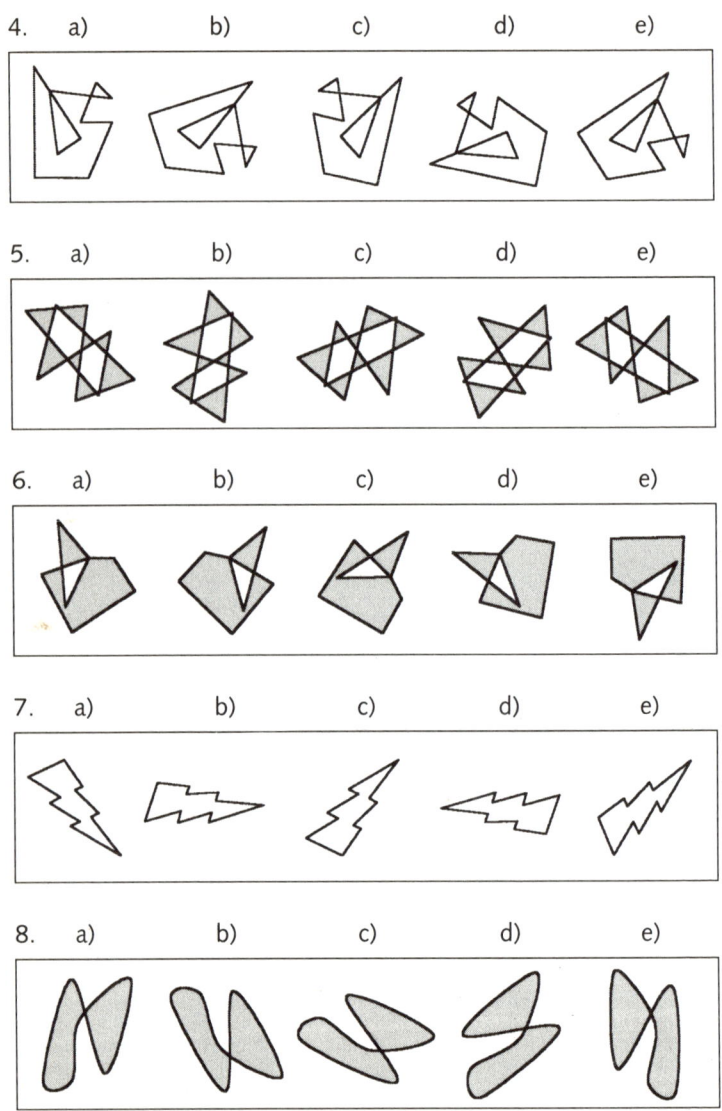

9. a)   b)   c)   d)   e)

10. a)   b)   c)   d)   e)

11. a)   b)   c)   d)   e)

12. a)   b)   c)   d)   e)

13. a)   b)   c)   d)   e)

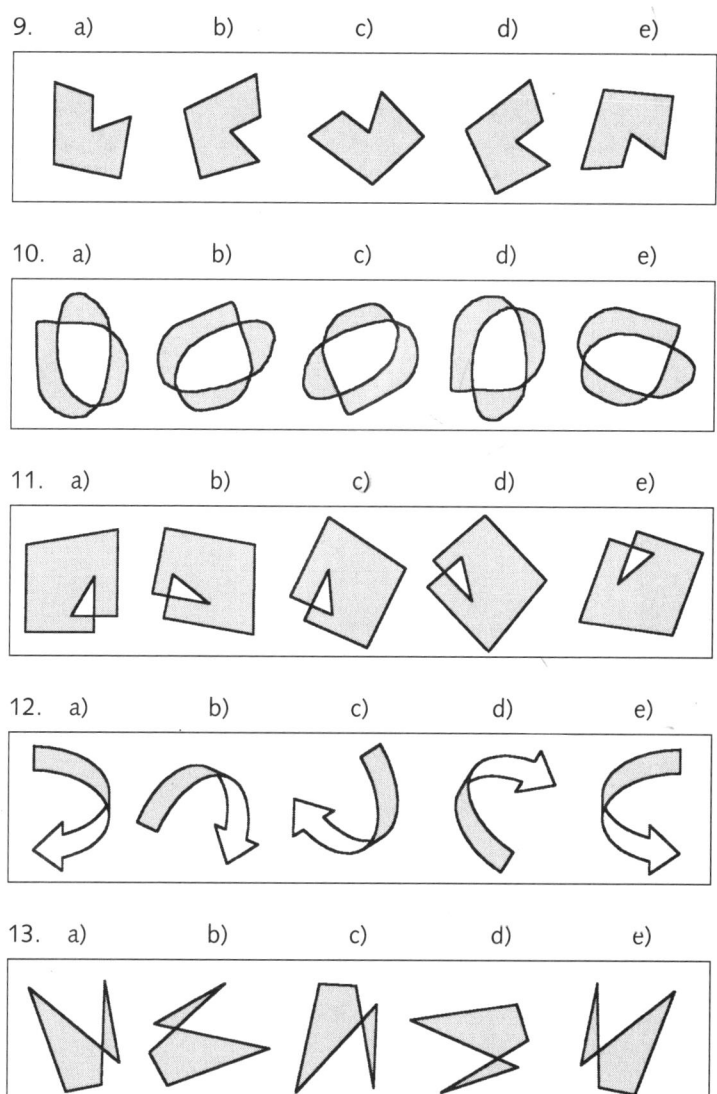

14.　a)　　　　b)　　　　c)　　　　d)　　　　e)

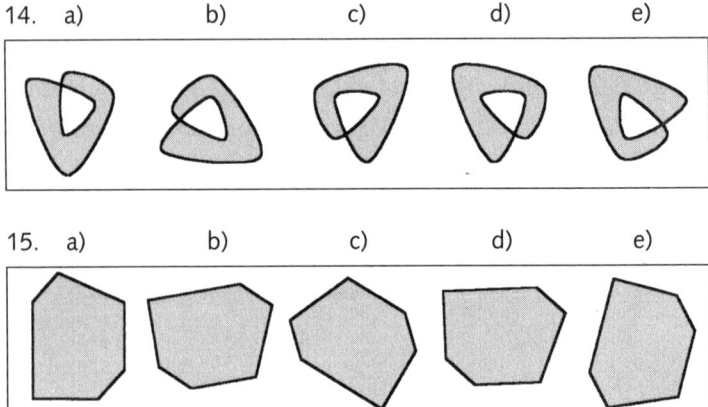

15.　a)　　　　b)　　　　c)　　　　d)　　　　e)

Persönlichkeitstests
und was dahinter steckt

Wenn Sie sich kurz an unsere Bestandsaufnahme in Kapitel 3 zurück-erinnern, fällt Ihnen vielleicht auf, dass es dort allein um das ging, was als klassische Auffassung von Intelligenz gelten kann: die logisch-rationalen Fähigkeiten.

Auf dem heutigen Arbeitsmarkt wird jedoch zusätzlich nach anderen Intelligenzen gefahndet, vorzugsweise der emotionalen und sozialen.

Daniel Goleman beschreibt in seinem Buch »Emotionale Intelligenz« zusammenfassend: »Für die Gesamtheit der Fähigkeiten, die die Intelligenz der Gefühle darstellen, gibt es ein altmodisches Wort: Charakter.«

Und genau dieser Charakter interessiert Personalchefs heute oft stärker als das räumliche Vorstellungsvermögen oder die verbale Intelligenz. Und weil man sich lieber auf Daten und Zahlen verlässt als auf die eigene Intuition, weil hohe Bewerberzahlen ein persönliches Gespräch mit jedem einzelnen Kandidaten oft unmöglich machen und weil scheinbar wissenschaftliche Grundlagen so verlockend sind, wurde auch der Kandidatencharakter längst in ein arbeitsmarkttaugliches Testkorsett gezwängt.

Der Persönlichkeitstest

DER Persönlichkeitstest schlechthin existiert nicht, doch es gibt eine Vielzahl von Tests, die auf mehr oder weniger wissenschaftlicher Basis den Anspruch erheben, den Charakter eines Bewerbers nach arbeits-relevanten Kriterien durchleuchten zu können. Als solche gelten dabei in erster Linie:
• Emotionale Stabilität
• Extraversion
• Leistungsbereitschaft

Um Ihnen ein ungefähres Bild davon zu geben, wie der ideale Kandidat auszusehen hat, hier einige Stichworte zu diesen Kriterien:

Emotionale Stabilität
Man kennt weder Stimmungsschwankungen oder diffuse Ängste noch Schuldgefühle, Tagträumereien oder Grübelei.

Man ist selten krank, schläft gut, kommt leicht aus den Federn, leidet nicht unter Migräne, Müdigkeit, Schwindel oder Appetitlosigkeit und sorgt sich selten um die eigene Gesundheit.

Man hat keine Minderwertigkeitsgefühle, ein gesundes Selbstvertrauen, ist offenherzig, tolerant und würde sein Leben ein zweites Mal genauso leben.

Man plant seine Arbeit, erledigt Aufgaben prompt, hat keine Schwierigkeiten, sich zu konzentrieren, und neigt nicht zu Perfektionismus.

Extraversion
Man hat einen großen Freundeskreis, bevorzugt gesellige Freizeitbeschäftigungen, fühlt sich in Gruppen unbefangen, geht auf andere zu und schließt leicht Freundschaften.

Man hat eine optimistische Lebenshaltung, ist aktiv, schlagfertig, witzig und gesprächig, läßt sich auch mal auf Risiken ein.

Man übernimmt bei Bekanntschaften die Initiative, in Gruppen schnell eine Führungsposition und behält, auch wenn es kritisch wird, die gute Laune.

Leistungsbereitschaft
Man lebt nach dem Grundsatz »Erst die Arbeit, dann das Vergnügen«, arbeitet organisiert, konsequent und konzentriert.

Man ist ehrgeizig, scheut keinen Wettkampf oder Vergleich mit anderen, will vorankommen, wäre gerne eine wichtige oder berühmte Persönlichkeit.

Man denkt selbst in den Ferien an die Arbeit und genießt Freizeit erst, wenn die Arbeit erledigt ist.

So ungefähr sieht das Bild vom idealen Bewerber aus. Auf welche Art und Weise man ihm auf die Schliche zu kommen versucht, erklären die folgenden Ausführungen.

Das ABC der Persönlichkeitstests

Am häufigsten finden sich Persönlichkeitstests in Form von Fragekatalogen, bei denen man bei einer von mehreren möglichen Antwortvarianten ein Kreuzchen setzt oder zwischen stimmt und stimmt nicht entscheidet.

Ein Beispiel:
Wenn ich die Wahl hätte, wäre ich lieber...
a) Laborarzt
b) Geschäftsführer eines mittelständigen Unternehmens
c) weiß nicht
oder:
In fremden Städten interessieren mich Architektur und Natur mehr als die Menschen.
stimmt   stimmt nicht

Die bekanntesten dieser »Fragekataloge« sind folgende Testarten:

16 PF

In diesem Test wird der Charakter des Bewerbers anhand 16 verschiedener Persönlichkeitsmerkmal-Paare eingeschätzt:
In manchen Fällen lässt sich nur im Hinblick auf die angestrebte Stellung entscheiden, welches von beiden Merkmalen positiv bewertet wird).
Sachorientierung – Kontaktorientierung
Konkretes Denken – Abstraktes Denken
Emotionale Labilität – Emotionale Stabilität
Soziale Anpassung – Selbstbehauptung
Besonnenheit – Begeisterungsfähigkeit
Flexibilität – Pflichtbewusstsein
Zurückhaltung – Selbstsicherheit

Robustheit – Sensibilität
Vertrauensbereitschaft – Skeptische Haltung
Pragmatismus – Phantasie
Unbefangenheit – Überlegtheit
Selbstvertrauen – Besorgtheit
Sicherheitsdenken – Veränderungsbereitschaft
Teamfähigkeit – Einzelgängertum (aber auch: Eigenständigkeit)
Spontaneität – Selbstkontrolle
Ausgeglichenheit – Innere Gespanntheit

Mit diesem Wissen versteht man schnell, was sich hinter den Fragen eines 16 PF verbirgt und wie man am besten antwortet, um dem gewünschten Bewerberprofil zu entsprechen. An folgenden Fragen können Sie eine erste Übungsrunde einlegen:

1. Es fällt mir leicht, Ängste aus dem Bewusstsein zu drängen, wenn ich will.
a) stimmt
b) teils/teils
c) stimmt nicht

2. Wenn es Probleme zu lösen gilt, greife ich…
a) auf altbewährte Methoden zurück.
b) teils/teils
c) zu neuen Ideen.

3. Wer viel lächelt, meint es oft nicht ehrlich.
a) stimmt
b) teils/teils
c) stimmt nicht

4. *Wenn ich die Wahl hätte, wäre ich lieber...*
a) Mitglied einer Diskussionsrunde.
b) weiß nicht
c) Mitglied in einem Fotoclub.

5. *Im Fernsehen sehe ich mir lieber eine Sendung an...*
a) über eine neue Erfindung.
b) egal
c) über einen Komponisten.

6. *Über Rückschläge ärgere ich mich sehr.*
a) stimmt
b) teils/teils
c) stimmt nicht

FPI – Freiburger Persönlichkeits-Inventar

Hier geht es um zwölf Persönlichkeitsmerkmale, die eigentlich besser in klinische Tests passen als auf den Arbeitsmarkt:

a) Nervosität
b) Aggressivität
c) Depressivität
d) Erregbarkeit
e) Geselligkeit
f) Gelassenheit
g) Dominanzstreben
h) Gehemmtheit
i) Extraversion
j) Emotionalität
k) Maskulinität
l) Offenheit

Geantwortet wird nach dem Schema stimmt/stimmt nicht, und erwarten werden Sie beispielsweise folgende Fragen:

a) Häufig habe ich Schwindelanfälle oder leide unter Augenflimmern.
b) Als Kind habe ich gerne Tiere geärgert.
c) Ich fühle mich dem Leben gut gewachsen.
d) Wenn etwas nicht nach meinem Willen geht, rege ich mich auf.
e) Manchmal fühle ich mich auch in Gesellschaft sehr alleine.
f) Planung ist mir wichtiger als Handeln.
g) Lieber nachgeben als streiten.
h) Ich lasse mir von anderen nicht gerne beim Arbeiten über die Schulter sehen.
i) Es fällt mir schwer, mit Menschen in engen Kontakt zu kommen.
j) Ich schäme mich manchmal für meine Gedanken.
k) Ich würde gerne einmal in Afrika auf Großwildjagd gehen.
l) Dem Charakteristikum Offenheit versucht man mit mehr oder weniger raffinierten Lügenfallen auf die Schliche zu kommen: Wer auf Fragen nach kleinen »Kavaliersdelikten« mit einem kategorischen NEIN antwortet, verliert schnell seine Glaubwürdigkeit. Geben Sie kleine menschliche Schwächen also ruhig zu, wenn es beispielsweise heißt: »Ab und zu trinke ich auch mal einen über den Durst« oder »Manchmal komme ich zu spät.«

Der MMPI – Sprengstoff für die Political Correctness

Auf den ersten Blick gleicht dieser Test dem Freiburger-Persönlichkeits-Inventar: Aussagen, denen man entweder zustimmen oder widersprechen kann und die im Grunde in altbekannte Richtungen zu zielen scheinen: Offenheit, Kreativität, Pragmatismus, Emotionale Stabilität.

Doch bei genauerem Hinsehen entpuppt sich der MMPI als grobe Unverschämtheit gegenüber den Bewerbern. Hinter dem enormen

Umfang von über 560 Testfeststellungen verbirgt sich nämlich das Vorhaben, die Psyche – neben den bekannten Kriterien – auch auf psychische Anomalitäten wie Hypochondrie, Paranoia, Hypomanie, Psychopathie und Ähnliches zu testen.

Wenn Sie also in einem Persönlichkeitstest auf Fragen wie die folgenden stoßen,

- Ich glaube, es gibt eine geheime Weltverschwörung
- Ich war schon einmal von einem Geist besessen
- Man spioniert mir nach
- Ärzten misstraue ich
- Ich glaube an Horoskope
- Blut in meinem Urin habe ich noch nie festgestellt,

sollten Sie sich vielleicht überlegen, ob das Traumunternehmen tatsächlich so traumhaft ist. Wenn die Antwort ja lautet, müssen Sie allerdings wohl oder übel in den sauren Apfel beißen.

MBTI – Der Myers-Briggs-Typenindikator

Hier geht es um die Einordnung des Bewerbers zwischen folgende Bewertungsmaßstäbe:

- Extrovertiert – introvertiert (Hauptinteresse Umwelt versus Innenleben)
- Sinnorientiert – intuitiv (gesunder Menschenverstand versus Intuition und Experimentierfreudigkeit)
- Denkend – fühlend (rationale Argumentation versus Reflexion über Folgen einer Entscheidung)
- Bewertend – wahrnehmend (Bestimmung durch Arbeit, Kontinuität und Kontrollierbarkeit versus Flexibilität)

Die Fragen ähneln denen der bereits angeführten Tests, und der Bewerber wird abschließend in eine von 16 möglichen Kategorien eingeordnet, jeweils gekennzeichnet durch eine bestimmte Buchstabenkombination. Dabei steht I für introvertiert, S für sinnorientiert,

T für thinking, J für judging (bewertend), E für extrovertiert, F für fühlend und P für perception (Wahrnehmung).

Das Ergebnis wird durch Prozentangaben weiter differenziert.

Neo-FFI – Das Neo-Fünf-Faktoren-Inventar

Hier handelt es sich um eine Variante mit etwas differenzierteren Antwortmöglichkeiten: Auf einer Fünfer-Skala sollen Sie hier starke Ablehnung bis Zustimmung signalisieren, und Ihre Aussagen werden in folgende Merkmalsbereiche eingeordnet:

• Offenheit
• Extraversion (Konzentration auf Ihre Umwelt)
• Verträglichkeit
• Gewissenhaftigkeit
• Neurotizismus (Abweichung vom so genannten Normalverhalten auf Grund seelischer Störungen)

Der Test besteht im Normalfall aus 60 Fragen, die später mittels Schablone oder per Computer ausgewertet werden. Dabei ist es nicht immer ganz einfach, zu erkennen, welche Fragen zu welchem Merkmalsbereich gehören. Im Grunde genommen ähneln aber auch sie stark den bereits beschriebenen.

EPPS

Der EPPS (Edwards Personal Preference Schedule) ist einer der vielen Versuche, die Durchschaubarkeit von Persönlichkeitstests zu verringern und damit die Vorbereitung zu erschweren. Man erhofft sich authentischere Aussagen über den »wahren« Bewerber, keine geprobte Idealvorstellung. Hierbei gibt man dem Bewerber je zwei scheinbar gleichwertig positive oder negative Aussagen, zwischen denen er sich unter Zeitdruck entscheiden muss. Zum Beispiel steht neben »Ich verbringe gerne einen Abend mit Freunden« der Kommentar:

»Mein Lebensmotto: Anfangen und Probieren, es wird schon schief gehen.«

Natürlich kann beides zutreffen, aber Sie müssen sich entscheiden. Vorbereiten können Sie sich auch auf diese Art Test. Dazu müssen Sie sich nur noch genauer über das Anforderungsprofil Ihrer Wunschstelle im Klaren sein als bei anderen Tests, um entscheiden zu können, ob z. B. Kontaktfähigkeit oder Kreativität höher im Kurs stehen.

Erzählen Sie doch mal

Neben den klassischen Tests mit ihren Kästchen und Kreuzchen gibt es auch noch eine ausführlichere Variante: Tests, bei denen Sie komplette Sätze oder Geschichten formulieren müssen.

Biographische Fragebögen

»Sage mir, wer deine Freunde sind, und ich sage dir, wer du bist« oder »Was Hänschen nicht lernt, lernt Hans nimmermehr.«

Nach diesen und anderen Mottos wird in biographischen Fragebögen Ihr bisheriges Leben unter die Lupe genommen. Man will herausfinden, welche Erfahrungen Sie geprägt haben, ob es in Ihrem Lebenslauf einen erkennbaren »Roten Faden« gibt, aus welchen familiären und sozialen Verhältnissen Sie stammen und so weiter.

Auch wenn die Bezeichnung »Personalfragebogen« schnell den Gedanken aufkommen lässt, man habe den Job schon so gut wie sicher, ist er doch nur ein weiterer Schritt des langen Auswahlverfahrens. Die Fragen beziehen sich dabei vorzugsweise auf folgende Bereiche:

- Ursprungsfamilie (Beruf, Ausbildung, Herkunft der Eltern)
- Jetzige Familie (Informationen zu Partner und Kindern, falls vorhanden)
- Prägende Erfahrungen aus Kindheit und Jugend
- Verlauf der Ausbildung
- Gründe für die Berufswahl
- Bisheriges Arbeitsleben
- Freizeitgestaltung
- Selbsteinschätzung
- Zielsetzungen (beruflich und privat)
- Vorbilder
- Lebensmotto
- Wünsche

Der Satzergänzungstest

Dieser Test wird Ihnen oft unter dem Vorwand untergeschoben, Ihre Kreativität testen zu wollen: Eine Reihe begonnener Sätze soll auf beliebige Art und Weise zu Ende geführt werden. Es geht jedoch um nichts anderes als Sie und Ihren Charakter: Daraus, wie Sie die Sätze weiterführen, sollen Rückschlüsse auf geheime Wünsche, Probleme, Gedanken und Lebensweisen gezogen werden. Nicht umsonst handelt es sich meist um Satzanfänge wie:

- Ich habe Angst davor, dass […]
- August kann es nicht ausstehen, wenn […]
- Gustav freute sich, als […]
- Ich wollte schon immer […]
- An meinen Kollegen missfällt mir, dass […]

Diese führen sofort auf eine emotionale Ebene. Lassen Sie sich nicht täuschen: Von wegen August oder Gustav, gemeint sind immer nur Sie selbst. Überlegen Sie gut, bevor Sie antworten.

Bildergeschichten

Wer kennt sie nicht aus frühester Schulzeit: Die Bilderstreifen mit den Figuren, denen es in einer Hausaufgabe eine Stimme zu geben galt. Man sollte aus dem, was man sah, eine Geschichte basteln.

Genau das kann Ihnen nun auch bei einem Eignungstest passieren. Diesmal werden jedoch nicht Sprachstil, Einleitung und Spannungsbogen unter die Lupe genommen, sondern das, was Sie erzählen. Man nimmt an, dass in Ihre Geschichte automatisch eigene Erfahrungen, Meinungen und Einstellungen mit einfließen, und versucht, diese hinter Handlungsstrang und Dialogen herauszuhören.

Seien Sie also auf der Hut, bevor Sie den Vater beim Angeln mit einem schadenfrohen »Platsch« ins Wasser fallen lassen, man könnte Ihnen sonst schnell Probleme mit Autoritäten bescheinigen.

Der Künstler in Ihnen

Auch Bleistift, Papier und der Kommentar »Zeichnen Sie doch mal […]« stehen auf der langen Liste der Persönlichkeitstests.

Wie seriös und aussagekräftig solche Tests sein können, das sei an dieser Stelle dahingestellt. Trotzdem eine kleine Zusammenfassung für den Notfall:

Wenn Ihnen der Kommentar unterkommt: »Zeichnen Sie doch mal …

… einen Baum«,
dann sollten Sie das folgendermaßen tun:
• Gerader, kurzer Stamm (Selbstbewusstsein),
• gleichbleibend kräftige Äste, an den Enden offen, also nicht spitz zulaufend (Ehrgeiz und Kreativität),
• am besten ein Frontal-Ast in die dritte Dimension (Mut).
Tabu sind:
• Einschnürungen oder Stümpfe (Affektstau, chronische Leiden),
• Schattierungen (Depression),
• Vogelhäuser (Verspieltheit),
• zu ausgeprägtes Wurzelwerk (Haltlosigkeit),
• Landschaft im Hintergrund.

… eine Person«
• Zeichnen Sie bitte eine Figur Ihres eigenen Geschlechts, die verhältnismäßig groß die obere Hälfte des Blattes einnimmt,
• die gut proportioniert ist,
• die unaufdringlich und ohne Kopfbedeckung gekleidet ist,
• deren Hände deutlich sichtbar, zum freundlichen Gruß erhoben sind,
• deren Kopf als einziges Körperteil detailliert dargestellt und ruhig groß proportioniert ist,
• die ein kräftiges Kinn und eine hohe Stirnwölbung hat,

- die keinesfalls bärtig ist,
- die realistisch proportionierte Ohren hat (zu groß: Misstrauen, zu klein: Unbelehrbarkeit),
- deren Nase weder dreieckig noch zu weich bzw. zu scharf ist, oder gar zur Hakennase gerät, sondern lang und gerade ist,
- die mit einem nicht zu schmalen und nicht zu sinnlichen Mund leicht lächelt,
- die nicht schielt.

…irgendetwas in die vorgegebenen Kästchen«
dann sind Sie beim so genannten Wartegg-Zeichentest gelandet, in dem Sie in acht kleinen quadratischen Feldern die bereits vorhandenen Striche und Bögen zu Bildern ergänzen sollen. Wichtig ist dabei, die Vorgaben gut in Ihre Zeichnung zu integrieren.

Ferner gibt es einige Tabus:
Waffen, Friedhöfe usw. = Aggressivität
Abstrakte Symbole = Arroganz
Spinnen, Briefe, Uhren, Hände, Füße, Ohren = Ängste
Verniedlichungen = Naivität

Aber auch positiv Bewertetes:
Treppen, Bücher, Zeitungen = Ehrgeiz
Koffer = Lebensplanung
Hochhäuser = Logik, Dynamik
Gewässer = körperliche Aktivität
Werkzeug = Karrierebewusstsein
Sonne = Suche nach Selbsterkenntnis

Insgesamt geht man davon aus, dass rational und sachlich veranlagte Menschen eher mit gradlinigen Formen und Kanten arbeiten, während runde Formen den erlebnisbestimmten Kreativen verraten.

Bewältigungsstrategie

Welcher der bisher beschriebenen Tests auch vor Ihnen liegen mag – über Folgendes sollten Sie sich Gedanken gemacht haben:

• Ihre Charaktermerkmale
• Das Anforderungsprofil für den gewünschten Bewerber
• Die Merkmale, die in Persönlichkeitstests für gewöhnlich abgefragt werden
• Das Bild, das Sie folglich von sich vermitteln wollen

Wenn Sie zuvor ein bisschen Erfahrung im Einordnen von Prüfungsfragen und Erkennen von Fallstricken gesammelt haben, sollte es Ihnen leicht fallen, das gewünschte Profil Ihrer Person zu entwerfen. Aber Vorsicht: Obwohl kleine Notlügen erlaubt sind, sollten Sie doch nicht gleich einen vollkommen anderen Menschen aus sich machen.

Das fällt erstens auf, und zweitens rächt es sich spätestens am neuen und vielleicht doch ungeeigneten Arbeitsplatz.

Sonstige Testverfahren

Das Assessment Center

»To assess« bedeutet im Englischen »einschätzen, beurteilen«, und »center«, das ist der Mittelpunkt. Damit ist der Kern der Sache auch schon getroffen: Ein Assessment Center ist die Kombination aller nur denkbaren Intelligenz-, Persönlichkeits- und Interaktionstests, in deren Mittelpunkt der Bewerber steht.

Ein Assessment Center dauert von einigen Stunden bis zu drei Tagen. Das hängt ganz davon ab, wo und für welchen Posten man sich bewirbt. Für gewöhnlich werden sechs bis zwölf Kandidaten von drei bis sechs AC-Beobachtern genau unter die Lupe genommen, während sie sich durch acht bis zwölf verschiedene Tests, Übungen und Aufgaben kämpfen.

Dadurch sollen die aktuellen Fähigkeiten der Bewerber eingeschätzt und ihre zukünftige berufliche Entwicklung prognostiziert werden. Das Besondere eines ACs ergibt sich aus den folgenden Merkmalen:

- Die Bewerber werden gemeinsam und nebeneinander getestet, was die Möglichkeit zum direkten Vergleich bietet.
- Die Prüfer haben wesentlich mehr Zeit als im herkömmlichen Vorstellungsgespräch, um sich ein Bild von den einzelnen Kandidaten zu machen.
- In einem AC werden auch gruppendynamische Prozesse beobachtet und nicht nur schriftliche Aufgaben durchgeführt, was die soziale Kompetenz der Bewerber zeigen soll.
- Die andauernde Belastung durch ein AC zeigt das Verhalten der Bewerber in extremen Stresssituationen – je länger ein AC dauert, desto deutlicher wird dieser Aspekt.

Erfahrungsbericht
(über ein AC für einen Ausbildungsplatz zum Master of International Business Studies)

Der Ausbildungsgang zum »MIBS« umfasst eine Ausbildung zum Industriekaufmann, parallel laufend ein FH-Studium zum Diplom-Betriebswirt und ein Auslandsjahr in England. Ein schriftlicher Test war dem AC vorausgegangen, und von anfänglich 1000 Bewerbern waren noch 200 übrig geblieben, die um eine von 20 Stellen konkurrierten.

Am Tag des ACs waren 18 Bewerber eingeladen, die zunächst von einer Führungskraft das Unternehmen vorgestellt bekamen. Danach wurden die Bewerber in drei kleinere Gruppen aufgeteilt, und neun Beobachter kamen hinzu. Auch sie teilten sich in drei Gruppen, um die Bewerber für den Rest des Tages einer genauen Prüfung zu unterziehen. Dabei wechselten die Beobachter nach jeder Übung die Bewerbergruppe, vermutlich um die Objektivität zu erhöhen.

Bevor es so richtig losging, wurde noch das Anforderungsprofil klargestellt: Extrovertierte Persönlichkeiten mit Teamgeist waren gefordert.

Die erste Aufgabe war eine Gruppendiskussion zum Thema Öffentlichkeitsarbeit: Der Tag der offenen Tür einer renommierten Chemiefirma sollte gestaltet und Teilnehmer sowie Themen für eine abschließende Podiumsdiskussion mit Politikern gefunden werden. Herausforderung an die Bewerber: Die eigene Idee erfolgreich gegen die Mitbewerber zu verteidigen. In meiner Gruppe hatten alle einen im Grunde ähnlichen Themenvorschlag gemacht, die Globalisierung und ihre Chancen und Schattenseiten. So diskutierten wir länger und angeregter darüber, wen man einladen sollte, als über das Thema selbst.

Bei der zweiten Aufgabe galt es nach zehn Minuten Vorbereitungszeit, sich alleine in einem Konfliktgespräch mit einem der sonst eher stillen und zurückhaltenden AC-Beobachter zu behaupten. Simulierte Situation: Ihre Firma hat einen Auslieferungsstopp für 14 Tage, und ein Kunde will Sie verklagen, weil die Ware nicht pünktlich kommt. Wenden Sie die Klage vom Unternehmen ab und besänftigen Sie den Kunden. Trotz der vorgesehenen zehn Minuten war das Gespräch in meinem Fall nach zwei Minuten beendet, da ich dem Kunden schnell einen Preisnachlass in Höhe der Schadensersatzansprüche angeboten hatte. Hauptsache, er verklagte die Firma nicht.

Nachdem der Vormittag so weit überstanden war, ging es erst einmal zum Mittagessen in die Werkskantine. Die »Prüfer« setzten sich neben und zwischen die Bewerber. Während des Essens fragte mich einer der Prüfer immer wieder, was ich denn davon halten würde, von der Firma ins Ausland geschickt zu werden.

Nach dem Essen zogen sich die Beobachter zur Beratung zurück, und wir hörten uns eine Weile Werbung in Unternehmenssache aus dem Munde zweier Studenten an, die schon seit zwei Jahren dabei waren.

Dann öffnete sich die Tür des Beratungszimmers, und mit den Worten »Folgende Herrschaften bitte ich, einmal zu mir zu kommen« wurden sechs Namen verkündet. Dass diese Worte das AUS für die anderen zwölf Bewerber bedeuteten, wurde erst klar, als wir nach kurzem Marsch über das Gelände in einem Zimmer ankamen, in dem wieder die vollständige Beobachterrunde versammelt saß.

Es ging also weiter für uns sechs. Nach dem Hinweis, dass von nun an nicht mehr das Wissen, sondern der Charakter der Bewerber im Mittelpunkt stünde, präsentierten wir zunächst jeder eine Antwort auf die Frage, warum es ausgerechnet dieser Beruf in dieser Firma sein sollte. Danach beantworteten wir einige Extra-Fragen wie: Warum man bei der Diskussion etwas so und nicht anders gemacht habe, warum man bisher noch kein Jahr im Ausland verbracht habe oder ob man dem Stress des Berufs überhaupt gewachsen sei. An mir als Letztem in der Runde blieb die undankbare Frage hängen, wie ich mir einen Tag als »MIBS« so vorstelle, womit ich ganz schön ins Schlingern kam.

*Nach dieser Gesprächsrunde wechselte das Thema wieder voll zu
Fachwissen. Jeder sollte ein wirtschaftspolitisches Thema nennen,
das damals in den Medien aktuell behandelt wurde. Obwohl mir
von meinen beiden Vorrednern zwei Ideen vor der Nase wegge-
schnappt wurden, konnte ich mich mit einer EU-Sanktion gegen VW
recht gut aus der Affäre ziehen. Doch dann entbrannte eine Diskussion über die Fusion zweier Pharmaunternehmen, die tags zuvor
einen Anstieg der Unternehmensaktien bewirkt hatte. Ich hatte nicht
den blassesten Schimmer, denn die Tagesschau am Abend zuvor
hatte keine Silbe über dieses Thema verloren, und für die morgend-
liche Zeitungslektüre hatte mir an diesem Tag die Zeit gefehlt.
(Immerhin mussten wir – um pünktlich zu sein – um 7.20 Uhr das
Hotel verlassen.)*

*Damit hatte ich mich selbst disqualifiziert – »nicht genügend über
die deutsche Wirtschaft informiert«, hieß es später in der abschlie-
ßenden Beurteilung.*

Reaktionen auf und Berichte über Assessment Center sind so unterschiedlich und vielfältig, wie es die veranstaltenden Unternehmen
und teilnehmenden Bewerber sind. Man hört von lockerer Atmosphäre und freundlichem Entgegenkommen genauso wie von
Unhöflichkeiten und erniedrigenden Testsituationen.

Unser Beispiel ist also nur eines von vielen möglichen, doch Sie
dürften einen guten ersten Eindruck vom Wesen und Charakter
eines ACs bekommen haben.

Was wird im AC getestet?

Damit zurück zu den Gemeinsamkeiten: Ziel und Zweck jedes ACs ist
es, aus riesigen Mengen von Bewerbern die geeignetsten herauszu-
filtern. Dabei setzt sich diese »Eignung« im Wesentlichen aus drei
Komponenten zusammen: Persönlichkeit, Kompetenz und Leistungsmotivation.

Folgende Bereiche stehen also auf dem Prüfstand:

- Das Talent im Umgang mit Menschen: Ausdrucksvermögen, Kontaktfreude und Sensibilität, Überzeugungs- und Durchsetzungskraft, Teamfähigkeit und Kooperations- sowie Integrationsvermögen
- Intellekt und Fachkenntnisse: Die Fähigkeit zu analytischem Denken, Planung und Organisation, Urteilsvermögen, Vorstellungsgabe und Ideenreichtum
- Die Arbeitshaltung: Antrieb und Leistungsstreben, Initiative und Entschlusskraft, Stabilität und Belastbarkeit sowie Aufgeschlossenheit und Flexibilität

Um all das zu testen, bedienen sich AC-Veranstalter einer Reihe typischer Aufgaben und Übungen, von denen wir im Folgenden die gängigsten vorstellen wollen. Diese sind:

- Präsentation
- Gruppendiskussion
- Rollenspiel
- Interview
- Postkorb
- Intelligenz-/Persönlichkeitstests
- Abschlussgespräch
- Essen und Small Talk

Diese Bestandteile tauchen in ACs je nach Schwerpunktsetzung und Zeitrahmen in unterschiedlicher Kombination und Ausprägung auf. Die Grundzüge jedoch bleiben die gleichen und damit auch die Tipps und Tricks zur Bewältigung.

Bevor wir jedoch zu den einzelnen Übungen kommen, kehren wir noch einmal zu den Beurteilungskriterien zurück, nach denen Sie die

»Jury« während eines ACs beobachten und beurteilen wird. Im Grunde sind diese Kriterien bei allen Übungen die gleichen. Zu den abstrakten Begriffen Persönlichkeit, Kompetenz und Leistungsmotivation bieten wir Ihnen hier eine Auswahl von Fragen, die sich die AC-Beobachter stellen werden und die Sie sich vor jeder Übung ins Gedächtnis rufen sollten.

Dass dabei mal der eine, mal der andere Punkt in den Vordergrund rückt, ist selbstverständlich – schließlich können in einem Vortrag, den Sie alleine halten, nicht Ihre integrativen Fähigkeiten beim Zusammenführen von Meinungen gefragt sein.

Persönlichkeit und gruppendynamische Prozesse:
- Gehen Sie offen auf andere zu? (Kontaktfreude)
- Haben Sie ein Gespür für Stimmungen und unterschwellige Töne? (Sensibilität)
- Treten Sie selbstbewusst auf? Stehen Sie zu Ihrer Meinung? Sind Sie konfliktscheu, leicht zu provozieren oder ängstlich? (Überzeugungs- und Durchsetzungskraft)
- Können Sie Erfolge teilen und Ideen anderer akzeptieren? Können Sie den Fähigkeiten anderer vertrauen? (Kooperationsvermögen)
- Können Sie divergierende Meinungen kanalisieren? (Integrationsvermögen)
- Können Sie Konzepte anschaulich und mitreißend darlegen? (Ausdrucksvermögen)

Kompetenz, Intellekt und Fachwissen:
- Fällt es Ihnen leicht, zu abstrahieren und Inhalte zu erfassen?
- Wie steht es mit Ihrem Allgemeinwissen und Branchenkenntnissen?
- Wie kreativ und einfallsreich sind Sie?
- Gehen Sie schematisch und logisch an Aufgaben heran?
- Behalten Sie den Überblick, oder stürzen Sie sich auf Details?
- Wie stichhaltig argumentieren Sie, auf welcher Basis urteilen Sie?

Arbeitshaltung und Leistungsmotivation:
- Wie motiviert gehen Sie an Aufgaben heran?
- Übernehmen Sie in Gruppenübungen die Initiative?
- Treffen Sie schnell Entscheidungen?
- Werden Sie leicht nervös oder unaufmerksam?
- Können Sie sich leicht auf neue Situationen einstellen?
- Merkt man Ihnen an, dass Sie gute Leistung bringen wollen?

Die Präsentation

Wir setzen diesen AC-Bestandteil an den Anfang unserer Beschreibungen, weil die Präsentation in jeder Form vor allem eine Selbstpräsentation ist. Eigentlich beginnt jedes AC mit einer Vorstellungsrunde – der ersten und einfachsten Präsentationsvariante.

Erfahrungsbericht
Jeder stellte sich der Reihe nach vor. Um gleich etwas aus der Reihe zu fallen, habe ich die Vorstellung ein wenig anders gestaltet, nämlich beginnend mit meiner jetzigen Tätigkeit und den drei wichtigsten Stationen davor, um dann wieder auf meine aktuelle Situation zu kommen. Dann stellte ich noch kurz meine Hobbys vor und sorgte so für etwas Unterhaltung. Obwohl ich speziell diese Vorstellung intensiv geübt hatte, hätte ich beinahe den für diesen Posten wichtigsten Teil meiner Ausbildung glattweg vergessen. Gerade noch rechtzeitig machte es Klick, und ich habe noch die Kurve bekommen.

Inhaltlich müssen Sie sich für eine Vorstellung der eigenen Person ähnliche Gedanken machen wie für die Konzeption eines Lebenslaufs. Geben Sie eine kurze Zusammenfassung Ihres Werdegangs in chronologischer Reihenfolge, und werden Sie präziser, je näher Sie dem aktuellen Datum kommen. Geben Sie einen Überblick über die wichtigsten Bereiche Ihres Lebens, also Ausbildung, Beruf und persönliche Interessen, und betonen Sie besondere Kenntnisse und Talente.

So weit zur Vorstellungsrunde. Die klassische Version der Präsentation ist allerdings weder auf die erste halbe Stunde noch auf Ihre Person beschränkt. Es handelt sich hierbei um einen Kurzvortrag zu einem vorgegebenen Thema, zu dem Sie entweder ausführliches Informationsmaterial erhalten oder sich anhand eines Stichworts wie »Fremdenfeindlichkeit« oder »Olympia 2000« möglichst viele Fakten und Aspekte aus den Fingern saugen müssen.

Aufgabe ist es, das Thema inhaltlich komplett zu erfassen und rhetorisch geschickt einem Publikum (meist Ihre AC-Beobachter, manchmal auch die anderen Bewerber) vorzutragen.

Erfahrungsbericht

Für mich begann der Tag mit der Vorbereitung einer Präsentation. In einem 30-minütigen Vortrag sollte dem Vorstand dargelegt werden, warum Vorstellungsgespräche als Auswahlverfahren problematisch sind und welche Alternativen sich anböten. Dazu gab es zwei Zeitungsartikel. Schönes Thema, fand ich, zumal mir die Artikel jede Menge Informationsmaterial boten. Unangenehm nur, dass auch Folien erstellt werden sollten, was mir immer unleserlich gerät. Ich entschloss mich also zum Minimalismus und begnügte mich mit wenigen Stichworten, was allerdings zu einer gewissen Unübersichtlichkeit führte. Ich kann nur jedem raten, das Erstellen von Zeichnungen und Folien schon zu Hause zu üben! Mein Vortrag war dann betont locker flockig, vielleicht ging ich jedoch zu wenig ins Detail. Meine Beobachter verhielten sich dabei wie die sprichwörtliche Wand, gegen die man anredet, und trugen nicht gerade zu einer entspannten Atmosphäre bei. Nach meinem Vortrag sollte ich noch einmal expliziter auf Vor- und Nachteile eingehen und einen Vorschlag zur Realisation machen. In der Auswertung am Abend kam das Feedback: Die Folien seien extrem schlecht gewesen, in meinem Vortrag hätte etwas Wichtiges aus einem der Zeitungsartikel gefehlt, und ich hätte nicht stringent genug Vor- und Nachteile herausgearbeitet. Im Kern sicher alles berechtigte Kritik.

Sie merken es vielleicht schon: So eine Präsentation kann es in sich haben. Dabei gilt es, in zweierlei Hinsicht zu glänzen: inhaltlich sowie rednerisch. Und möglicherweise – wie unser Beispiel zeigt – auch gestalterisch.

Nutzen Sie also Ihre Vorbereitungszeit. Wenn Sie hier ein gutes gedankliches Konzept entwerfen und in Stichpunkten notieren, haben Sie auf inhaltlicher Linie schon fast gewonnen. Dazu einige Tipps:

Die Stoffsammlung
Bevor Sie ans Gliedern und Strukturieren gehen, müssen Sie sich erst einmal einen Überblick über Ihr Material verschaffen. Sammeln Sie alle Informationen, die Ihnen zum Thema einfallen.

Eine besonders effektive Methode ist dafür das so genannte Mind-mapping: Sie notieren Ihre Stichwörter nicht wie gewohnt in linearer Reihenfolge am linken Rand Ihres Blattes, sondern kreuz und quer über die gesamte zur Verfügung stehende Fläche. Erstellen Sie eine Gedanken-Karte. Die Vorteile? So eine Karte wertet nicht und gibt keine ungewollte Reihenfolge vor, die vielleicht bestimmte Assoziationen verhindert. Die Gedanken stehen in räumlichem Bezug zueinander, und Sie können durch Linien, Pfeile, Kringel und Farben Ihre eigene Ordnung schaffen. Sie können auch jederzeit im Nachhinein weitere Gedanken an passender Stelle einfügen. Bringen Sie das Ganze abschließend noch in die Form einer klassischen Gliederung.

Die Gliederung
Sehen Sie die Einleitung als Ihre Chance. Sie wollen Aufmerksamkeit, also starten Sie mit etwas, was Menschen aufmerken lässt – einer Anekdote, einem Witz, Bezügen aus dem Zeitgeschehen oder einem Zitat. Seien Sie ruhig auch provokant, noch (!) geht es nicht um Sachlichkeit. Nur eines dürfen Sie nicht vergessen: die Zeit.

Dann geht es weiter zum Hauptteil. Die Überleitung zwischen Einleitung und Hauptteil ist eine der schwierigsten Herausforderungen einer Rede. Dabei geht es keinesfalls darum, möglichst unbemerkt aus der Anekdote in die Argumentation zu schlüpfen – ganz im Gegenteil. Klare Abgrenzung und Strukturierung ist gefragt. Sie selbst haben ein vollständiges Bild Ihrer Rede im Kopf, Sie wissen, wo Sie hinwollen und in welchem Bezug Ihre Argumente stehen. Ihre Zuhörer wissen das noch nicht, also nehmen Sie sie an die Hand und zeigen Sie ihnen das Ziel, das Sie ansteuern. Zwei brauchbare Helfer auf dem Weg von Einleitung zu Hauptteil können dabei zwei ganz spezielle Sätze sein:

- Der Themensatz, in dem Sie Ihr Thema noch einmal prägnant auf den Punkt bringen. Er ist Titel für und Wegweiser durch Ihre Rede. Zum Beispiel soll das Thema die Erhöhung der Benzinpreise sein. Mit einer kleinen Anekdote über die Empörung an deutschen Tankstellen führen Sie darauf hin. Sie beginnen den Hauptteil mit dem Themensatz: »[…] und deshalb soll es in meinem heutigen Vortrag aus aktuellem Anlass um den Anstieg der Benzinpreise und um die daraus entstandene Hysterie unter deutschen Verbrauchern gehen.«
- Daran schließt der Thesensatz an, der Ihr Hauptanliegen und die zentrale Idee Ihres Referats umfasst. Er dient dem Publikum als Bezugsrahmen für alle weiteren Aussagen, z.B. »Ich möchte Ihnen dabei verdeutlichen, weshalb ich die Reaktionen der Öffentlichkeit für überzogen, die Kommentare aus Wirtschaft und Opposition für pure Demagogie und die Erhöhung der Benzinpreise für unumgänglich halte. Dazu werde ich Schritt für Schritt auf gängige Argumente der Gegner eingehen und sie der Reihe nach widerlegen.«

Damit sind Sie und Ihre Zuhörer auf sicherem Terrain gelandet.

Jetzt geht es um die Gestaltung des Hauptteils. Dafür haben Sie grundsätzlich zwei Möglichkeiten. Handelt es sich bei Ihrem Thema um eine Stellungnahme zu einer gesellschaftlichen Frage der Art »Was halten Sie von der Öko-Steuer?«, so bietet sich eine Gliederung nach dem Schema einer Pro-und-Kontra-Erörterung an:

- These (Argumente dafür/positive Aspekte)
- Antithese (Argumente dagegen/negative Aspekte)
- Synthese (Schlussfolgerung/Kompromiss)

Haben Sie es dagegen mit einer betriebswirtschaftlichen Fallstudie zu tun, so könnten Ihnen folgende Fragen bei einer Gliederung weiterhelfen:

- Worin besteht das Problem? Wie ist die aktuelle Situation?
- Welche Lösungswege gibt es? Welche sind eventuell bereits getestet worden?
- Für welchen Lösungsweg plädieren Sie? Warum?

In beiden Fällen gilt für den Hauptteil vor allem eines: Argumentieren Sie richtig. Das soll heißen: Sparen Sie nicht mit Beweisen und anschaulichen Belegen, um Ihre Argumente zu untermauern. Jede abstrakte Behauptung muss durch Fallbeispiele, Daten und Fakten ein konkretes Fundament bekommen.

Bleibt, wenn Sie bei einem Ergebnis angelangt sind, der Schluss. Passen Sie auf, dass Ihnen nicht so kurz vor dem Ziel die Luft ausgeht. Werden Sie noch einmal witzig, provokant und originell, schließen Sie den Kreis, indem Sie sich auf den Anfang Ihrer Rede beziehen, oder überraschen Sie mit einer letzten, unerwarteten Wendung. Kurz und gut: Schließen Sie mit einem Paukenschlag.

Der rhetorische Vortrag

Es genügt nicht, dass man zur Sache spricht, man muss zu den Menschen sprechen.

(Stanislaw Jerzy Lec)

Dies ist in manchen Fällen, wie der Erfahrungsbericht zu Anfang zeigt, nicht leicht: Wer redet schon gerne gegen Wände. Trotzdem gibt es einige unumstößliche Regeln für eine gelungene Rede:

• Beziehen Sie Ihr Publikum mit ein! Suchen Sie den Blickkontakt und sprechen Sie die Personen im Raum direkt an.

• Sprechen Sie anschaulich. Visualisieren Sie, und verwenden Sie Metaphern: Ihre Zuhörer sollen SEHEN, von was Sie reden.

• Nutzen Sie rhetorische Tricks: Bauen Sie Witze ein, wiederholen Sie wichtige Punkte, setzen Sie gezielte Pausen.

• Sprechen Sie deutlich und nicht zu schnell, unterstreichen Sie das Gesagte durch Gesten und Mimik.

• Nehmen Sie didaktische Hilfsmittel in Anspruch. Tafelbilder, Overhead oder Flipchart – sie alle helfen beim »Bilder-Machen«.

Die Gruppendiskussion

Im AC-Bestandteil »Gruppendiskussion« versammelt sich die Bewerberriege am runden Tisch und mit ihr ebenso viele verschiedene Meinungen und Standpunkte. Dabei gibt es für die Ausgangssituation grundsätzlich drei Alternativen:

• Diskussion eines Themas aus dem gesellschaftlichen/politischen Bereich, vorgegeben oder frei wählbar.

• Unternehmensplanspiel, d.h. die Diskussion und Lösung fiktiver innerbetrieblicher Probleme.

• Diskussion eines gegebenen Themas mit festgelegter Rollenverteilung, Ihnen wird also neben dem Thema auch die Meinung vorgeschrieben, die Sie zu vertreten haben.

Ausgehend von diesen Situationen gilt es nun, innerhalb von 15 bis 60 Minuten, einen gemeinsamen Konsens zu erarbeiten und Ihrem Publikum (also in der Regel den AC-Beobachtern) vorzustellen.

Erfahrungsbericht

Die zweite Übung hieß dann Gruppendiskussion. Das Thema: Wie verringere ich den Personalüberstand, ohne betriebsbedingt zu kündigen? Da hatte ich eine gute Nase gehabt, denn genau dieses Thema hatte ich mir am Abend zuvor noch einmal kurz angesehen. Zunächst allerdings preschte ich voran, um mich bei der Gruppenleitung zu profilieren. (Lasst uns ein Brainstorming machen). Als dann der Anfang gemacht war und sich die Begriffe an der Tafel sammelten, zog ich mich ein bisschen zurück. Irgendwie hatte das Ergebnis Schieflage. Wir diskutierten Vorgehen und Slogans, hatten aber inhaltlich noch immer nichts Konkretes an der Tafel stehen. Ich kramte ein paar Fakten aus meinem Gedächtnis hervor (Altersteilzeit, unbezahlter Urlaub, Abfindungsregelungen) und brachte sie ein. Genauer gesagt, versuchte sie einzubringen, was sich als Schwerstarbeit erwies. Jeder versuchte, seine eigenen Ideen an die Tafel zu bringen, schön zu formulieren und gleichzeitig die anderen zu überzeugen. Mindestens zwei Personen gaben meiner Meinung nach nur Unsinn von sich. Die Moderation übernahm in dieser Phase zunehmend eine erfahrene Trainerin, während ich versuchte, das Ergebnis qualitativ zu verbessern, dabei jedoch weiterhin Schwierigkeiten hatte, ein klares Gegenkonzept zu formulieren. Ich schaffte es auch nicht, mich wirklich verständlich zu machen.

Ein Beispiel, das deutlich zeigt, worauf es in der Gruppendiskussion ankommt. Moderatoren werden gesucht, und zwar solche mit Überblick und Mut zur eigenen Meinung. Der Kandidat in unserem Fallbeispiel hatte zwar das nötige Fachwissen, es gelang ihm jedoch nicht, innerhalb der Gruppe eine führende oder integrierende Rolle zu übernehmen. Stattdessen zog er sich aus dem Geschehen zurück und überließ den Schauplatz anderen.

In einer Gruppendiskussion kommt es auch darauf an, dass Sie tatsächlich etwas zu sagen und Ihre Argumente Hand und Fuß haben. Doch die Gruppendiskussion ist vor allem eine Übung zum Interaktionsverhalten, d. h., wichtiger noch als Ihre inhaltlichen Beiträge ist Ihre Stellung in der Gruppe. Im Grunde lässt sich das, was von Ihnen verlangt wird, auf einen Nenner bringen: Sie sollen innerhalb einer Gruppe von Rivalen eine allseits anerkannte und akzeptierte Führungsposition anstreben, verschiedene Lösungsansätze in eine gemeinsame Richtung lenken und dabei noch eigene und stichhaltige Vorschläge mit einfließen lassen.

Einige Faustregeln für Gruppendiskussionen:
- Zeigen Sie sich teamfähig: Hören Sie gut zu, lassen Sie andere ausreden, gehen Sie auf Vorschläge ein.
- Seien Sie weder der notorische Nein- noch Ja-Sager, stellen Sie Ihre Kreativität unter Beweis, indem Sie Kompromisse finden.
- Geben Sie in festgefahrenen Situationen einen kurzen Überblick der bisher erarbeiteten Ergebnisse.
- Machen Sie auf Lücken oder Mängel in der Argumentation anderer sachlich aufmerksam, vertragen Sie aber auch sachliche Kritik an sich selbst.
- Lassen Sie die Diskussion nie emotional werden.
- Profilieren Sie sich nicht auf Kosten anderer, etwa durch Witze, Ironie oder Sarkasmus, bleiben Sie bei der Sache.
- Formulieren Sie knapp und präzise, und vermeiden Sie minutenlange Monologe.

Die Strukturierung einer Gruppendiskussion sieht folgendermaßen aus:
- Orientierung/Problemerfassung (Um was geht es eigentlich?)
- Zielsetzung (Wohin wollen wir?)

- Suchen und Sammeln von Lösungen (Wie kann man das Ziel erreichen?)
- Abwägen möglicher Lösungen und Einigung auf ein Modell (Was ist der beste Weg?)
- Ergebnisprüfung (Sind wir da, wo wir hinwollten?)

Das Rollenspiel

Im AC-Bestandteil »Rollenspiel« finden Sie sich meistens in Simulationen innerbetrieblicher Konfliktgespräche wieder, vorzugsweise zu unangenehmen Themen wie nachlassender Leistung, Alkoholismus oder häufigem Zu-spät-Kommen. Sie selbst übernehmen dabei üblicherweise den kritisierenden Part des Vorgesetzten, während einer der AC-Beobachter in die Rolle des »sündigen« Mitarbeiters schlüpft. Genaue Informationen über die Situation, in die Sie sich hineinversetzen sollen, erhalten Sie mittels detaillierter, schriftlicher »Regieanweisungen«, die nicht selten auch gleich Zusatzinformationen über den privaten Hintergrund des Mitarbeiters enthalten. Da stößt man dann schnell auf die eine oder andere menschliche Tragödie, die den Leistungsabfall sofort plausibel erklärt. Doch was tun? Die erste Geige spielt nun einmal das Unternehmen, und so heißt es, möglichst effektiv wertvolle Arbeitskraft zu sichern. Also packen Sie das Zuckerbrot aus, vergessen Sie aber für den Notfall nicht den zweiten Teil der sprichwörtlichen Ausrüstung, die Peitsche.

Eine andere klassische Variante des Rollenspiels ist das Verkaufsgespräch: Einem störrischen Kunden gilt es, den Kauf eines speziellen Produkts schmackhaft zu machen. Neben diesen beiden klassischen Varianten gibt es eine Vielzahl von Abwandlungen, wie das folgende Beispiel zeigt:

Erfahrungsbericht

Als nächste Übung kam ein Rollenspiel an die Reihe. Die Vorgabe: Ich bin Leiter eines Controlling-Teams in Frankfurt. Es kommt eine Anfrage von der Holding in Berlin nach Abstellung eines Mitarbeiters für ein zentrales wichtiges Controlling-Projekt in Berlin. Für mich ist die Sache sofort klar: Herr XY ist mein Mann, da er mir in den letzten Monaten immer wieder äußerst positiv aufgefallen ist. Ohne Rücksprache mit Herrn XY sage ich in Berlin zu, dass er kommt. Nun ist im Rollenspiel das Gespräch mit XY zu führen. Maßgabe: Ich bin überzeugt, dass er über diese Chance hocherfreut sein wird. Schon nach einigen Sätzen wird jedoch klar, dass dem ganz und gar nicht so ist.

Natürlich müssen Sie in jedem Rollenspiel je nach Situationsbeschreibung reagieren, trotzdem gibt es auch hier einige Regeln, die Ihnen bei Ihrem Schauspielauftritt helfen können:

- Nutzen Sie die Vorbereitungsphase, um sich detailliert mit der Situationsbeschreibung auseinander zu setzen. Achten Sie auf Kleinigkeiten.
- Machen Sie sich klar, was Sie erreichen wollen.
- Sorgen Sie bei Eröffnung des Gesprächs für eine entspannte Atmosphäre.
- Legen Sie sachlich und knapp dar, um was es Ihnen geht.
- Bitten Sie Ihr Gegenüber um eine Stellungnahme und hören Sie gut zu.
- Fragen Sie nach Lösungsvorschlägen.
- Entwickeln Sie, ausgehend von den Vorschlägen des anderen, ein Lösungskonzept, das auch Ihr Mitarbeiter annehmen kann.
- Fassen Sie das Ergebnis in »wir«-Form zusammen: »Wir sind uns also einig darüber, […]«
- Niemals provozieren oder provozieren lassen.
- Niemals die höhere Stellung ausspielen.
- Niemals auf eine emotionale Ebene rutschen.

Wenn Sie das alles berücksichtigen, müssen Sie im Nachhinein nur noch der Prüfungskommission gegenüber standhaft bleiben, denn man wird Sie zu Ihrer Vorgehensweise befragen und – egal, was man tatsächlich davon hält – nicht selten kritisieren. Stehen Sie zu Ihrer Entscheidung!

Das Interview

Hinter der AC-Bezeichnung »Interview« verbirgt sich eine verschärfte Form des klassischen Vorstellungsgesprächs. Im Gegensatz zu diesem konzentriert sich ein Interview jedoch häufig auf einen ganz speziellen Aspekt Ihrer Persönlichkeit, Führungsqualitäten etwa oder Teamfähigkeit. Auf jeden Fall aber versucht man, Ihnen auf den Zahn zu fühlen und an Ihr »Ich« hinter Lebenslauf und Zeugnissen heranzukommen. Es wird persönlich!

Im schlimmsten Fall geraten Sie dabei in ein Stressinterview, eine Form des Frage-und-Antwort-Spiels, bei der man Sie gezielt durch provozierende und manchmal fast verletzende Fragen aus dem Konzept zu bringen versucht. »Haben Sie sich mit dieser Bewerbung nicht etwas übernommen?«, bekommt man dann vielleicht zu hören oder: »Flüssiges Formulieren gehört wohl nicht zu Ihren Stärken?«

Erfahrungsbericht
Beim Einzelinterview saßen mir zwei Beobachter gegenüber, die mich circa eine Stunde und 30 Minuten ausgiebigst befragten. Wohl für alle der stressigste Part des ACs. Es hagelte Fragen von der Kindheit bis zum Studium. Ziel des Ganzen, so eröffnete man mir zu Beginn: Die Person besser kennen zu lernen und die Persönlichkeit zu erkunden. Zielrichtung der Fragen waren also nicht Daten und Fakten und einzelne Stationen meines Lebens, sondern all das, was nicht in den offiziellen Unterlagen steht:

»Gab es in Ihrer Kindheit oder Jugend Personen, die Sie stark geprägt oder beeinflusst haben?«

»Wie war beziehungsweise ist Ihr Verhältnis zu Ihren Eltern oder Geschwistern?«

»Haben Sie Vorbilder?«

»Wie war bisher Ihr Verhältnis zu Vorgesetzten?«

»Gab es in Ihrem Leben einen Punkt, an dem Sie bewusst für sich einen Einschnitt vorgenommen haben?«

»Sind Sie entscheidungsfreudig?«

»Treffen Sie Entscheidungen eher aus dem Bauch oder aus dem Kopf?«

»Was würden Sie mit einer Million Mark machen?«

Faire Fragen, kein Stressinterview. Zu Beginn auch der Hinweis, dass man Fragen, die zu intim werden, nicht zu beantworten braucht. Die Interviewer hatten einen Ordner, in dem wohl eine Auswahl an Fragen und die Deutungen möglicher Antworten standen. Ein Kandidat wurde über zwei Stunden befragt – nicht unbedingt ein schlechtes Zeichen, wie sich später herausstellte, denn er war es, der die Stelle letztendlich bekam.

Um sich unbeschadet durch 90 Minuten persönlicher Themen zu hangeln, können Sie folgende Vorbereitungen treffen:

Zunächst sollten Sie sich folgende Bereiche Ihres Lebens noch einmal gründlich ansehen:
- Ihre Familie und Ihr soziales Umfeld
- Ihre persönlichen Ziele inklusive Leistungsmotivation
- Ihre Kompetenz (Ausbildung, beruflicher Werdegang, Zusatzqualifikationen usw.)
- Ihre Eignung

Dann gilt es einige einfache Verhaltensregeln zu beachten:
- Setzen Sie durch Körpersprache (Händedruck, Haltung, Gestik usw.) gezielte Signale.
- Halten Sie kontinuierlichen Blickkontakt.

- Bleiben Sie sachlich, und rutschen Sie nicht ins Emotionale.
- Lassen Sie sich von Pausen nicht irritieren, und setzen Sie sie selbst gezielt ein.
- Antworten Sie nach der Devise: Weniger ist mehr. Halten Sie keine weitschweifigen Monologe, und sparen Sie sich im Zweifelsfall Informationen zur Privatsphäre.

Speziell für das Stressinterview gilt:
Behalten Sie die Nerven! Zeigen Sie ruhig, dass Ihre Toleranz Grenzen hat, aber tun Sie auch das sachlich und in höflichem Ton. Beweisen Sie, dass es wenigstens noch einen zivilisierten Menschen im Raum gibt.

Die Postkorb-Übung

Beispiel für eine Postkorb-Übung:
Es ist Freitag, 14.00 Uhr. Ihr Vorgesetzter ist nicht im Haus. Sie haben für 19.00 Uhr Gäste zu sich nach Hause eingeladen und daher vereinbart, dass Sie das Haus gegen 16.30 Uhr verlassen können. Sie wissen, dass Ihr Vorgesetzter heute gegen 15.00 Uhr kommen wird und um 16.30 Uhr das Unternehmen zu einem Kundentermin um 17.00 Uhr verlassen muss.

Ihr Vorgesetzter hat heute folgende Post bekommen:
- Ein Schreiben, adressiert mit:
  Titel, Vorname, Zuname
  Persönlich
  c/o Firmenadresse
- Ein dringendes Schreiben eines großen Lieferanten bezüglich einer Lieferterminverzögerung mit der Bitte um Rückruf noch heute!!!
- Die schriftliche Reklamation eines verärgerten Kunden
- Das Protokoll über die Marktleiterbesprechung vom November 2000, inklusive Aktivitätenliste für die nächsten drei Monate

Folgende Telefonate sind eingegangen:

- Die Einladung, einen Vortrag zu halten, der in zwei Wochen stattfindet. Für den Vortrag werden 500 Mark bezahlt, eine definitive Zusage ist binnen drei Tagen nötig.
- Eine Anfrage von einem Kunden, der vor längerer Zeit etwas bestellt hat und wissen möchte, ob die Ware mittlerweile eingetroffen ist. Der Auftragswert beträgt 1500 Mark.
- Eine Anfrage von der deutschen Zentrale mit der Bitte um Bekanntgabe der Termine für das geplante Mitarbeitertraining.
- Eine interne Mitteilung aus der eigenen Filiale: Es handelt sich um die Urlaubseinteilung für die Weihnachtsfeiertage.
- Die E-Mail von einer Ihnen unbekannten Firma, in der der Termin von heute 17.00 Uhr auf 18.30 Uhr verlegt wird, mit der Bitte um Bestätigung.
- Ein Spendenersuchen des örtlichen Kindergartens, in dem um Spenden im Wert von 1000 Mark gebeten wird, um bedürftigen Kindern Weihnachtsgeschenke machen zu können.

Folgende Arbeiten liegen zur Erledigung an:

- Aufbereiten der Statistik für den abgelaufenen Monat (Zeitaufwand: Sie benötigen 45 Minuten, Kontrolle und Freigabe durch den Vorgesetzten dauern zehn Minuten)
- Zwei Mitarbeiter haben um ein Gespräch mit dem Chef gebeten, da sie sich von ihrem direkten Vorgesetzten benachteiligt fühlen (Dauer circa 30 Minuten)
- Vorbereitung der Unterlagen für das Gespräch heute Abend (Dauer circa 40 Minuten, wobei aber noch Zusatzinformationen von einer öffentlichen Stelle einzuholen sind)
- Die Organisation des Buffets für die Weihnachtsfeier am 18. Dezember (für circa 30 Mitarbeiter und deren Angehörige)

Wie organisieren Sie Ihre Arbeit, welche Arbeiten machen Sie zuerst, welche später und warum?

Es ist 15.30 Uhr. Ihr Vorgesetzter ist noch immer nicht im Haus. Was tun Sie?

So oder so ähnlich werden die Unterlagen aussehen, die Sie zur Bearbeitung einer Postkorb-Übung erhalten. Ihre Aufgabe ist es nun, aus den gegebenen Informationen einen Handlungsplan zu erstellen, zu entscheiden, welche Angelegenheiten Priorität haben und welche warten können, an wen Sie eventuell Aufgaben delegieren können und wie viel Zeit Sie für die jeweiligen Arbeiten einplanen müssen.

Wichtig ist dabei zunächst, dass Sie die Aufgabenstellung sorgfältig und genau durchlesen, um nicht kleine Hinweise auf Wichtigkeit oder Unwichtigkeit einfach zu übersehen. Klar ist: Geschäftliches hat absolute Priorität vor privaten Angelegenheiten.

Ihren Handlungsplan müssen Sie im Anschluss den AC-Prüfern vorstellen und Ihre Entscheidungen plausibel begründen.

Intelligenz- und Persönlichkeitstests

Auch sie sind in der einen oder anderen Form Bestandteil eines ACs: die Intelligenz- und Persönlichkeitstests. Sie wurden in diesem Buch bereits ausführlich besprochen, sodass wir uns an dieser Stelle mit dem Hinweis begnügen, dass vor allem Persönlichkeitstests nicht immer als solche deklariert werden. Seien Sie also auf der Hut, wann immer man Sie bittet, doch noch schnell eine schriftliche Übung einzuschieben.

Das Abschlussgespräch

Nicht immer fällt die Entscheidung für oder gegen einen Kandidaten noch während des ACs. Ob man Ihnen sofort ein Ergebnis mitteilt oder nicht – ein abschließendes Gespräch gibt es fast immer. Dort ist dann noch ein letztes Mal Urteilsvermögen und Diplomatie gefragt. Oft werden Bewerber aufgefordert, zum Auswahlverfahren und dem persönlichen Erleben dieser Stresssituation Stellung zu nehmen, die eigene Leistung einzuschätzen und die Mitbewerber zu beurteilen.

Zuletzt ist eine Beurteilung Ihrer Leistungen seitens der Prüfer fällig, die sehr unterschiedlich ausfallen kann – je nach Unternehmen und Person des Beobachters. Im besten Fall erhalten Sie hier ein produktives Feedback, das detailliert auf Schwächen und Stärken eingeht und Ihnen wertvolle Anregungen für die Zukunft bieten kann. Im schlimmsten Fall werden Sie mit nichts sagenden Floskeln abgespeist und sind entlassen.

Essen und Small Talk

Eines muss Ihnen klar sein: Ein AC ist eine durchgehende Prüfungssituation, in der Sie unentwegt unter Beobachtung stehen. Auch und gerade in vermeintlichen Erholungsphasen, denn während Sie selbstvergessen Ihren Kaffee trinken und froh sind, endlich eine Minute für sich zu haben, beäugt Sie vielleicht aus einigen Metern Entfernung ein Prüfer und sammelt Eindrücke.

Während Sie sich in Sicherheit und ungeprüft wähnen, liegen um Sie herum Fallstricke aus, in denen sich Ihr ungeschminktes Selbst verheddern soll. Wie ist Ihr gesellschaftliches Auftreten? Ihre Tischmanieren? Welche Themen gehören zu Ihrem Konversationsrepertoire? Die Liste scheint endlos.

Versuchen Sie auch in solchen »Zwangsgesellschaften« sich möglichst positiv darzustellen. Seien Sie witzig, charmant, umgänglich und kommunikativ. Machen Sie sich unaufdringlich zu »everybody's darling«.

Fit for Fun? – Sport und Gesundheit

Mit Sport- und Gesundheitstests werden Sie konfrontiert, wenn Sie beispielsweise einen Beruf im Polizeiwesen, bei der Bundeswehr oder beim Bundesgrenzschutz anstreben. Hier werden die Bewerber nach dem k.o.-System aussortiert, d. h., bestimmte Arten von Tests sind hintereinander geschaltet, und man tastet sich wie bei einem Computerspiel Runde um Runde vorwärts. Wer allerdings einen Test vermasselt, für den ist das ganze Spiel zu Ende. Die sportlichen Ansprüche werden Ihnen auf Infoblättern genauestens erklärt, sodass Training und Vorbereitung auch hier möglich sind. Insgesamt werden Sie im wahrsten Sinne des Wortes auf Herz und Nieren geprüft. Ihre gesamte körperliche Verfassung wird unter die Lupe genommen, Sie müssen Belastungs-EKG, Sehtest und vieles mehr über sich ergehen lassen.

Letzte Vorbereitungen

Sie sind am Ziel Ihrer Trainingsrunde angekommen, haben gegen Ende persönliche Bestzeiten abgeliefert und beherrschen nun alle Disziplinen. Zahlenreihen, Buchstabenzeilen, Spiegelungen oder Logikkurven – Sie wird so leicht nichts mehr überraschen. Jetzt geht es darum zu realisieren, dass Ihrem großen Auftritt nichts mehr im Wege steht und dann den Kopf frei zu bekommen für eine letzte Runde Erholung.

Wenn Sie an diesem Punkt angekommen sind, sollten Sie Ihren Blick noch einmal über die Trainingsstrecken der letzten Tage oder Wochen streifen lassen. Richten Sie Ihr Augenmerk auf folgende Fragestellungen:

- Wie sicher fühlen Sie sich in den jeweiligen Bereichen?
- Wo liegen die Fallstricke, das Risiko, aus der Bahn geworfen zu werden?
- Gibt es bestimmte Aufgabenstellungen, vor denen Sie Angst haben oder denen Sie sich nicht gewachsen fühlen?
- Falls JA, haben Sie sich vielleicht nicht genügend mit den entsprechenden Testrunden beschäftigt?
- Haben Sie sich auch mit den Bereichen Stressbewältigung und emotionale beziehungsweise soziale Kompetenz auseinander gesetzt?
- Kennen Sie deren Bedeutung für ein positives Abschneiden?
- Wie fühlen Sie sich körperlich? Verspannt oder müde? Unkonzentriert? Ausgeruht und entspannt?
- Falls Ersteres zutrifft: Woran liegt es, und was können Sie sich Gutes tun, um sich zu entspannen?

Halten Sie Ihre Antworten zu diesen Fragen in kurzen Notizen schriftlich fest. Vergleichen Sie nun Ihr Können in den einzelnen Bereichen mit Ihrer Verfassung vor der Trainingsphase. Sie werden staunen, wie viel mehr Sie wissen, wie sicher Sie sich Ihrer Antworten geworden sind und um wie vieles schneller Sie ähnliche Aufgaben bearbeiten. Vor allem werden Sie entdecken, dass Sie gelernt haben, welche Aufgaben nach welchem Schema konstruiert sind und welche Denkmuster die Lösungen erfordern. Diese Denkmuster haben Sie nun parat.

Haken Sie dann Ihre Trainingsphase ganz bewusst ab. Wenn Sie wollen, können Sie dazu noch einmal die Tabelle vor dem Testteil konsultieren und das »Abhaken« zum demonstrativen, symbolischen Akt machen. Die Kästchen dafür sind schon da. Dann legen Sie die Testtrainingsunterlagen ein für alle Mal beiseite und widmen sich den wirklich wichtigen Fragen Ihrer Welt – sich selbst, Ihrem Körper, Ihrem Geist, Ihrer Seele.

Falls Sie zu der Spezies Mensch gehören, die einfach nicht loslassen kann und bis kurz vor Gongschlag am Lernstoff klebt, dann raten wir Ihnen zu einem schrittweisen Entwöhnungsprogramm. Legen Sie dieses Buch beiseite, und kaufen Sie sich zur Gewissensberuhigung eines der vielen Logik- oder Intelligenztrainings-Heftchen, die es an jedem Kiosk gibt. Das schmeckt schon weniger nach Ernstfall, macht Spaß und ist trotzdem noch Training für Ihre Gehirnzellen. Zu guter Letzt sollten Sie aber auch davon die Finger lassen, denn Vorbereitung bis zur letzten Minute bringt nichts.

Hier noch ein letzter roter Faden durch den Ernstfall:

1. Letzte Vorbereitungen:

a) Emotional:

- Bleiben Sie gelassen.
- Lassen Sie sich den Satz durch den Kopf gehen: Autoritäten sind auch nur Menschen.
- Vergessen Sie nicht: Tests sagen bei allem Anspruch nichts über Sie als Person und Ihre Zukunftschancen im späteren Arbeitsleben aus.
- Falls es Erwartungsdruck von anderer Seite gibt, Eltern, Partner oder Freunde: Legen Sie denen einfach mal so einen Testteil vor.

b) Organisatorisch:
- Seien Sie pünktlich.
- Seien Sie gut ausgeschlafen.
- Nehmen Sie vorsichtshalber »Proviant« mit. Es kommt vor, dass die Kandidaten über die Länge des Tests nicht informiert werden.

2. Während der Testsituation:
Fragen Sie:
- nach der erlaubten Bearbeitungszeit der einzelnen Testblöcke (falls nicht angegeben).
- nach einem Extrablatt für Notizen.
- nach Fehlerkorrekturen: Wie darf korrigiert werden? (Wichtige Frage, weil viele Tests per Computer ausgewertet werden.)

3. Einzelne Aufgaben betreffend:
- Lesen Sie die Fragestellungen genau und konzentriert durch.
- Stellen Sie Fragen sofort.
- Nutzen Sie die Zeit, um sich die Beispielaufgaben genau anzusehen.
- Fragen Sie, falls nicht angegeben, nach der Anzahl der möglichen Lösungen.
- Arbeiten Sie sorgfältig, aber zügig – nicht hängenbleiben und sich festbeißen.
- Arbeiten Sie bei Aufgaben, die Sie nicht beantworten können, nach dem Ausschlussprinzip, d.h. die nicht möglichen Antworten aussortieren und zwischen den restlichen raten/wählen.
- Nehmen Sie es mit der Integrität nicht gar so genau. Abschreiben ist keine Sünde, nur gekonnt muss es sein. Also bitte nicht dem Nebenmann ins Blatt schielen, denn meistens wird nach A-B-Gruppen-Schema gearbeitet. Wozu haben Sie Vorder- und Rückmann/frau?

Und damit ist endgültig (fast) alles Menschenmögliche getan.
Wir drücken Ihnen die Daumen.

Lösungen

Testtraining

Allgemeinwissen

Staatskunde, Politik
1.c), 2.b), 3.a), 4.d), 5.b), 6.c), 7.a), 8.c), 9.b), 10.d), 11.a), 12.c), 13.d), 14.b), 15.a)

Wirtschaft
1.b), 2.c), 3.a), 4.d), 5.c), 6.b), 7.d), 8.a), 9.c), 10.d), 11.b), 12.a), 13.d), 14.c), 15.b)

Geschichte
1.d), 2.c), 3.b), 4.a), 5.b), 6.d), 7.c), 8.a), 9.d), 10.c), 11.b), 12.a), 13.a), 14.a), 15.c)

Philosophie, Religion
1.b), 2.c), 3.a), 4.b), 5.d), 6.c), 7.a), 8.c), 9.d), 10.d), 11.b), 12.a), 13.c), 14.b), 15.a)

Physik, Chemie
1.d), 2.b), 3.a), 4.c), 5.a), 6.b), 7.d), 8.c), 9.d), 10.a), 11.b), 12.b), 13.d), 14.c), 15.a)

Biologie, Medizin
1.d), 2.a), 3.b), 4.c), 5.d), 6.b), 7.d), 8.c), 9.a), 10.b), 11.d), 12.a), 13.c), 14.b), 15.d)

Technik, Mathematik
1.a), 2.d), 3.b), 4.c), 5.d), 6.a), 7.d), 8.b), 9.a), 10.b), 11.d), 12.c), 13.a), 14.b), 15.c)

Erde und Weltall
1.d), 2.a), 3.c), 4.b), 5.a), 6.d), 7.c), 8.b), 9.a), 10.c), 11.d), 12.b), 13.a), 14.d), 15.c)

Darstellende Kunst, Literatur
1.a), 2.c), 3.b), 4.d), 5.d), 6.a), 7.c), 8.b), 9.d), 10.a), 11.b), 12.c), 13.b), 14.b), 15.a)

Musik, Sport und Unterhaltung
1.d), 2.a), 3.c), 4.d), 5.b), 6.d), 7.a), 8.c), 9.a), 10.d), 11.c), 12.a), 13.b), 14.d), 15.b)

Bedeutende Persönlichkeiten
1.a), 2.c), 3.b), 4.b), 5.d), 6.c), 7.a), 8.d), 9.b), 10.b), 11.a), 12.c), 13.d), 14.b), 15.a)

Rechtschreibung und Fremdwörter

Rechtschreibkorrekturen
1. Es ist gewiss Aufsehen erregend, dass das Fußballländerspiel morgen Abend zum ersten Mal in Nepal übertragen wird.
2. Das 9-jährige Mädchen aus Russland ist bereits eine gute Balletttänzerin.
3. Wir standen dicht gedrängt und hofften, dass man uns den Einlass nicht verweigerte.
4. Dessen ungeachtet sollte man für den Eisschnelllauf nicht einen eng bedruckten Dress wählen.
5. Obwohl jetzt getrennt lebend, wirken sie nicht im Geringsten gestresst und sind stets gut gelaunt.
6. Es ist mir ein Gräuel, dass ich am helllichten Tag hier sein muss, dennoch bin ich im Nachhinein schon allein wegen des ernst gemeinten Tipps äußerst dankbar.
7. Die Hostess sagte mir schon heute Morgen, dass sich der Kongress über den Kompromiss noch nicht im Klaren sei.

8. Eine Zeit lang war in der Kunststoff verarbeitenden Industrie jeder Zweite krankgeschrieben, sodass eine Notmaßnahme veranlasst werden musste.

9. Streng genommen scheint bloß ein T-Bone-Steak für einen Wettturner viel zu wenig.

10. Es schoss mir siedend heiß in den Kopf: Ich hatte das Türschloss gestern Nacht offen stehen lassen.

11. Die Liste, die sie dem vergesslichen Saxofonspieler gab, umfasst zwar alles Wichtige, ist aber dessen ungeachtet viel zu wenig.

12. Wir wüssten schon gerne im Voraus, ob die Raufasertapete grünlich gelb gestrichen werden soll.

13. Ich sah mich des Weiteren außer Stande, dahinter zu kommen, was am darauf folgenden Abend in der Kongressstadt (Kongress-Stadt) passieren sollte.

14. Potenziell könnte die Durchnummerierung der Rollläden exakt das Richtige sein, sodass hier streng genommen das Anbringen von Sperrriegeln so weit wie möglich entfallen kann.

15. Der Populist mit seinem zweiten Gesicht tut, als ob er Wunder was geschaffen hätte, und propagiert überschwänglich, dass er die Wahl schon im Voraus gewonnen habe; doch da fischt er im Trüben.

Druckfehler

1. penibel	2. Rhythmus
3. Widerstand	4. Bibliothek
5. Vorwand	6. Hypothek
7. psychedelisch	8. Katastrophe
9. sympathisch	10. Verwandtschaft
11. Koordinatensystem	12. häuslich
13. Korallenriff	14. unversehens
15. apropos	16. symbolisch
17. Kollektiv	18. Gynäkologie
19. Märtyrer	20. Clique

21. repräsentativ	22. Chemikalie
23. Tyrannei	24. Parterre
25. skandalös	26. Thronfolger
27. Fußballstadion	28. Spaßvogel
29. galoppieren	30. Akkord
31. wiederkäuen	32. Thymian
33. Kuvert	34. Pyrenäen
35. Straßenbahn	36. Rhabarber
37. nämlich	38. Rhododendron
39. Mayonnaise/Majonäse	40. Himalaja
41. Weißbrot	42. Akzent
43. widerstreben	44. Sympathie
45. außerordentlich	46. Gehöft
47. Rhetorik	48. Grüße
49. Skateboard	50. Recycling

Fremdwörter-Kenntnisse
1.c), 2.c), 3.b), 4.a), 5.b), 6.c), 7.b), 8.a), 9.a), 10.c),
11.b), 12.c), 13.a), 14.b), 15.c), 16.b), 17.a), 18.c), 19.a), 20.b),
21.a), 22.c), 23.a), 24.b), 25.c)

Leistungs-Konzentrationstests

Adressenfehler
1. Marlon Keile_bach, Robert-Koch_Str. 7_, 47930 Weinsberg,
   04372/179854   5 Fehler
2. Beratungsbüro C. Achterdeck, Karma_Str. 27, 19745 Berlin,
   030/85423_3   6 Fehler
3. INTERFACE KOSMETICS AG, Plönweg 12/14, 26598 Südstatt,
   01574/435_0   4 Fehler
4. Beckerei Reichert, Lerchenallee 78, 37521 Telling_furt/Sahle,
   09771/6_321   6 Fehler

5. Giovanni do Lorretto, Potsdamer Str. 32/ l, 68309 Ta_spieg,
   03872/964634   5 Fehler
6. __ Festplatte – Catering Gmbh, Am Bergblick 14, 59244
   Hamm, 05309/40297   6 Fehler
7. Nicol_ Wett_a, Auf der Wiese 52d, 886639 Tauchgemmersdorf,
   02532/77432   6 Fehler
8. Johannes von der Büren_ Konradinstr. _4, 73037 Hohenstaufer,
   071696/7309_7   7 Fehler
9. Flatdisc Software AG., Auf den Lenzberg 444, 58329 Spandaw,
   08687/598_1   8 Fehler
10. Prof. Dr_ Judith Weber, Flatowstr. _7, 44398 Sickim,
    04389/8_509   5 Fehler
11. Wolfgang Tapper, Calle Lobos 2, 20718 Rina, Malaga ESPAG-
    NIA, 0034-9540_1   7 Fehler
12. Dülken Gmbh ± CO. Kg, Nürtinger Str. 31, 7444_ __ Beuren,
    083287/494_1   8 Fehler
13. Norma_ Ion, 15 Juppiter St., Adelaide S.A. 5016, AUSTRIA,
    0061-8-48649_5   6 Fehler
14. Angelica Zwüngli, F_ussweg 46_, CC-8600 Düberndorf_ 0041-
    0111/5973_09   9 Fehler

Buchstabenreihen aufspüren

1. g b u g f e c j o a h r s t v w y z e i q r s g j h w v u h b c d f o
   5 Reihenfolgen

2. p f v i u z r o t p o n k u t a w s m b v j e f g k z r q p h a y k p
   3 Reihenfolgen

3. h d l i g f r o p a g f e o t u v k z p h g f d s a l m n f t s t u y x
   5 Reihenfolgen

4. d j p o w x y w q p c c k l n o p t k u t s l g h i y c g f e u t r s i
   5 Reihenfolgen

5. s j <u>w v u</u> z n u e n z j o h m <u>i j k</u> g f d s t e e <u>c d e</u> <u>q p o</u> m l f v
   4 Reihenfolgen

6. f z f k h g r e w q o <u>s t u</u> f e j o d c x m y p n t d s c t h e g i l k
   1 Reihenfolge

7. n h f d <u>b c d</u> a s <u>u v w</u> r e p i <u>z y x</u> r w <u>q p o</u> w <u>e f g</u> l <u>h g f</u> g l u
   6 Reihenfolgen

8. h z t <u>n m l</u> h g f i u <u>s t u</u> w q o j l a e i w u k a h <u>f e d</u> <u>w x y</u> d i l
   4 Reihenfolgen

9. q z f <u>a b c</u> r o i g s t a u f e r g l k u z t <u>l k j</u> u <u>g f e</u> h z t z r a f t
   3 Reihenfolgen

10. s <u>u v w</u> q r p b f g v f o <u>d c b</u> f v c a e w o h k e t q <u>s t u</u> l <u>h g f</u>
    4 Reihenfolgen

11. x c b g <u>n o p</u> f <u>u t s</u> s w q <u>e d c</u> j k o p <u>r s t</u> q d k f <u>d e f</u> h z x y
    5 Reihenfolgen

12. d a u r <u>e f g</u> l b v z <u>t s r</u> i u z g <u>h g f</u> d <u>a b c</u> g s y c u z l a o k l
    4 Reihenfolgen

13. h <u>z y x</u> d u <u>d e f</u> w d i h l o q s b a <u>g h i</u> d w q h k <u>v w x</u> a b d j
    4 Reihenfolgen

14. f a v c x j h i o p d s w v z z j u o a r w j l o v a <u>e f g</u> r k z o r d
    1 Reihenfolge

Der Buchstaben-Striche-Test

1. 6 (2 x q, 4 x d)
2. 4 (2 x q, 2 x d)
3. 6 (2 x q, 4 x d)
4. 7 (3 x q, 4 x d)
5. 6 (3 x q, 3 x d)
6. 8 (6 x q, 2 x d)
7. 6 (2 x q, 4 x d)
8. 8 (4 x q, 4 x d)
9. 4 (3 x q, 1 x d)
10. 0
11. 5 (1 x q, 4 x d)
12. 5 (1 x q, 4 x d)
13. 4 (3 x q, 1 x d)
14. 4 (1 x q, 3 x d)
15. 9 (5 x q, 4 x d)
16. 7 (4 x q, 3 x d)
17. 5 (2 x q, 3 x d)
18. 6 (3 x q, 3 x d)
19. 6 (3 x q, 3 x d)
20. 7 (3 x q, 4 x d)

Symbolpositionen erkennen

1. 5	8. 3	15. 6
2. 6	9. 5	16. 2
3. 4	10. 4	17. 0
4. 3	11. 3	18. 6
5. 3	12. 5	19. 3
6. 4	13. 6	20. 4
7. 2	14. 3	

Namen codieren

1. 2141325	11. 4010917	21. 2221208
2. 7022604	12. 2131822	22. 2102828
3. 2302710	13. 2030905	23. 1110330
4. 9282911	14. 1251502	24. 2182206
5. 2152609	15. 3242907	25. 2121629
6. 2070129	16. 2291101	26. 2183018
7. 4090423	17. 5271415	27. 6302026
8. 3191819	18. 2051120	28. 2231903
9. 2260212	19. 6241713	29. 7162427
10. 8040521	20. 1210816	30. 2200624

Vokale berechnen

Lösungen:

1. 22	6. 38
2. 22	7. 65
3. 39	8. 30
4. 21	9. 46
5. 62	10. 76

Inhalte erfassen

1. an der Schlossallee, 14 Stockwerke
2. Geppo AG
3. in der dritten Etage
4. Sikkim
5. a) Auftragsbestätigung für neues Layout Husumer Abendkurier
   b) Kostenangebot Kunstdruckerei Stähle
   c) Beleuchtungskonzept von Pit Marquart
6. 10:30 Uhr
7. Vera Glesky
8. A3
9. Thomas Loscher
10. Johannes Staufer

11. 37 Jahre

12. eine original Marquart-Tischlampe

Rechen-Konzentrationsaufgaben

a) 1	j) 9	s) 24
b) 24	k) 34	t) 8
c) 7	l) 1	u) 21
d) 32	m) 7	v) 18
e) 5	n) 10	w) 8
f) 26	o) 26	x) 30
g) 2	p) 19	y) 1
h) 5	q) 2	z) 0
i) 10	r) 40	

Symbol-Felder

1.c) 2 Abweichungen; 2.a) 1 Abweichung; 3.c) 3 Abweichungen; 4.b) 2 Abweichungen; 5.a) 2 Abweichungen; 6.b) 1 Abweichung; 7.c) 3 Abweichungen; 8.b) 2 Abweichungen; 9.a) 1 Abweichung; 10.c) 4 Abweichungen

Pfeilzeichen-Rechnen
Ergebnis beim Ziel: 1

Objekte vergleichen
1.c), 2.b), 3.a), 4.c), 5.b), 6.a), 7.b), 8.a), 9.c), 10.a), 11.b), 12.c), 13.c), 14.a), 15.b)

Logisches Denkvermögen

Ausschließlichkeiten
R = richtige Aussage, F = falsche Aussage
1.d) F, 2.e) R, 3.a) R, 4.c) F, 5.b) R, 6.e) R, 7.d) R, 8.a) R, 9.e) F, 10.b) R, 11.d) F, 12.c) R, 13.a) F, 14.b) R

Tatsache oder Annahme
1. M, 2. T, 3. M, 4. M, 5. T, 6. M, 7. M, 8. T, 9. M, 10. T, 11. T, 12. T

Abstruse Rückschlüsse
1.b), 2.a), 3.b), 4.a), 5.a), 6.b), 7.a), 8.b), 9.a), 10.b)

Dominosteine
1.b), 2.c), 3.c), 4.b), 5.d), 6.c), 7.c), 8.a), 9.b), 10.d), 11.b), 12.a), 13.d), 14.d), 15.b)

Verbale Intelligenz

Verbale Begriffsreihen
1.c), 2.d), 3.e), 4.a), 5.b), 6.e), 7.c), 8.d), 9.a), 10.e), 11.b), 12.c), 13.a), 14.d), 15.b), 16.c), 17.e), 18.b), 19.a), 20.c)

Wortanalogien
1.d), 2.c), 3.e), 4.a), 5.b), 6.c), 7.d), 8.a), 9.e), 10.b), 11.e), 12.d), 13.a), 14.b), 15.d), 16.e), 17.a), 18.d), 19.b), 20.c), 21.a), 22.e), 23.c), 24.b), 25.d)

Mathematische Fähigkeiten

Ergebnisse schätzen
1.b), 2.b), 3.a), 4.d), 5.b), 6.d), 7.a), 8.b), 9.d), 10.c), 11.b), 12.a), 13.c), 14.d), 15.b), 16.c), 17.d), 18.a), 19.d), 20.b)

Gemischte Textaufgaben

1. In Göppingen; hier ist der Kilopreis 1,8 Euro, in Nürtingen kostet das Kilo 1,9 Euro.
2. 4 %
3. 8 Monate
4. 32
5. 3,5 Stunden
6. Gemeinschaft A: 195 000 Euro
   Gemeinschaft B: 65 000 Euro
7. 1,32 km
8. 5,25 cm
9. 6
10. Ja (während der Reaktionszeit legt das Auto 28 m zurück, zusammen mit dem Bremsweg von 65 m ergibt dies 93 m)
11. a) 4 016 250 Stimmen   b) 446 250 Stimmen
12. Paket A: 13,5 Euro
    Paket B: 9 Euro
13. 700 km
14. 256 g
15. 1,4 Promille
16. 15 m, 30 m, 60 m, 120m
17. 825 m^3
18. 90 kg
19. 104 Steinplatten
20. Ja, denn die Tankstelle liegt 140 km von Bedorf entfernt, dafür benötigen Sie 7 l Benzin. Die Kosten hierfür sind 9,1 Euro, deswegen reichen die 10 Euro.

Zeichen-Rechnungen

1. 1, 2. 5, 3. 4, 4. 1, 5. 2, 6. 2, 7. 5, 8. 0, 9. 6, 10. 0, 11. 9, 12. 1, 13. 1, 14. 2, 15. 7, 16. 7, 17. 5, 18. 4, 19. 2, 20. 4

Räumliches Vorstellungsvermögen

Spiegelungen
1.d), 2.d), 3.a), 4.c), 5.c), 6.b), 7.c), 8.a), 9.e), 10.d), 11.c), 12.e),
13.a), 14.d), 15.e)

Persönlichkeitstests
und was dahintersteckt

Das ABC der Persönlichkeitstests

16 PF
1.a): Emotionale Stabilität; 2.c): Phantasie; 3.c):Vertrauen; 4.a): Kon-
taktinteresse; 5.a): Robustheit, auch c): Sensibilität), 6.c): Ausgeglichenheit.